"一带一路"背景下的中国石油企业对外直接投资区位选择研究

惠宁 著

中国纺织出版社有限公司

图书在版编目（CIP）数据

"一带一路"背景下的中国石油企业对外直接投资区位选择研究 / 惠宁著 . -- 北京：中国纺织出版社有限公司 , 2020.6（2022.8 重印）

ISBN 978-7-5180-7347-4

Ⅰ.①— … Ⅱ.①惠… Ⅲ.①石油企业—对外投资—直接投资—区位选择—研究—中国 Ⅳ.① F426.22

中国版本图书馆 CIP 数据核字（2020）第 070696 号

责任编辑：郭　婷　　责任校对：王蕙莹　　责任印制：储志伟

中国纺织出版社有限公司出版发行

地址：北京市朝阳区百子湾东里 A407 号楼　邮政编码：100124

销售电话：010—67004422　传真：010—87155801

http://www.c-textilep.com

中国纺织出版社天猫旗舰店

官方微博 http://www.weibo.com/2119887771

佳兴达印刷（天津）有限公司印刷　各地新华书店经销

2020 年 6 月第 1 版　2022 年 8 月第 2 次印刷

开本：710×1000　1/16　印张：10.75

字数：200 千字　定价：49.80 元

前　言

近年来，随着经济持续快速发展，中国已成为世界主要的对外投资输出国、全球最大的石油进口国和最主要的石油生产、消费国。鉴于中国在世界经济中的重要影响力和作为世界石油格局变革的主要推动者，在"一带一路"倡议实施所带来全球治理结构再造的大背景下，有关中国企业对外直接投资的研究逐渐增多。但是，相关研究中针对中国企业对外直接区位选择问题的系统分析相对较少，更鲜有针对中国石油企业对外直接投资区位选择专项问题的探讨。"一带一路"沿线国家丰富的石油资源对于中国石油企业的吸引力越来越大，石油领域投资合作是中国"一带一路"建设的重要着力点之一。然而，伴随相关国家投资不确定性因素的增多及地质勘探等风险的增大，给中国石油企业带来巨大的投资风险，是投资必须考量的因素。因此，依据"一带一路"国家的实际情况，全面、系统地研究中国石油企业对外直接投资区位选择问题，事关中国石油企业的投资安全，研究这一问题对中国石油企业具有重要的理论和现实意义。鉴于此，本书从理论和实证两方面对这一问题进行了系统研究。

理论研究方面，本书在对区位选择文献梳理和理论分析的基础上，结合中国石油企业的特点，主要做了以下两方面的工作：

（1）就国家特定优势向企业综合优势的转换机理进行分析，认为中国石油企业对外直接投资是在国家利益和石油企业利益相一致的基础上开展的，中国石油企业是投资行为主体，国家特定优势通过三个途径形成中国石油企业在对外投资合作中的综合优势：①直接影响企业所有权优势的对外直接投资国内政策和服务；②直接影响企业内部化优势的对外直接投资国际政策和服务；③间接影响企业对外投资能力的国内经济与产业环境。企业综合优势决定了中国石油企业对外投资的动因和能力。

（2）就中国石油企业对外直接投资的目标效应进行分析，认为中国石油企业对外投资最终的目的都是为了在实现盈利的基础上获得资源，其主要特征体现为石油产品作为投资的回报，因而东道国的基础设施、劳动力素质、投资环境、石油资源禀赋等因素构成的区位优势，都会对中国石油企业的目标效应产生影响，进而会影响到中国石油企业投资区位的选择。这是本书依据相关基础理论构建的理论框架，也是进行实证研究的基础和依据。

实证研究方面，本书以理论分析构建的框架为依托，选取国内相关的数据及"一带一路"沿线 20 个石油资源国的跨国面板数据，分别从投资母国和东道国的视角对中国石油企业投资的影响因素进行了实证分析。

基于投资母国的影响因素研究表明：中国经济快速发展过程中石油供给缺口越来越大，石油企业实力的增强使中国对外石油投资规模不断加大。中国的经济环境、国内石油供给和石油价格对于中国对外石油投资合作有着显著的影响，而产业环境和国内石油需求对于中国石油企业对外投资的影响不显著，由于中国庞大的市场容量、企业规模、资本的逐利性，以及投资的长期效应，会增加中国石油企业对外直接投资的动力。

基于东道国的影响因素研究表明：中国石油企业在对外投资实践中确实被吸引到沿线石油资源丰富的国家，加之在"一带一路"建设背景下，中国与域内国家之间政治、经贸联系不断加强，中国的影响力在不断提高，相应的投资风险预期会有所降低，东道国的石油资源禀赋、基础设施与中国石油企业对外直接投资区位选择呈显著相关，距离成本呈显著负相关，而政治稳定性对于中国石油企业的投资影响并不显著。

在上述研究基础上，本书对所选样本国家的区位选择进行了排序分析，其中沙特阿拉伯、阿联酋、科威特、伊朗、伊拉克、哈萨克斯坦和俄罗斯对于中国石油企业来说，是对外直接投资的主要优选区域。

本书的特点：

（1）研究视角方面，从企业微观角度出发，在"一带一路"背景下，就中国石油企业对外石油投资区位选择的影响因素进行探讨。研究视角上具有一定的特色和新意，在一定程度上完善和丰富了我国石油经济领域的研究。

（2）理论的延伸和拓展方面，就中国企业对外直接投资区位选择的理论适用性进行分析，总结归纳区别其他国家的特点，试图在中国兼具发展中国家和发达国家的特征下，基于国家特定优势论和国际生产折中理论，以中国石油企业为研究对象，进一步完善对外直接投资理论的解释广域度，实现对外直接投资区位选择理论在具体应用中的延伸和拓展。

（3）指标构建方面，基于中国石油企业对外直接投资区位选择的实务，将储量因素、产量因素、技术因素、投资政策因素等方面的指标纳入资源技术指数，与经济评价指数和政治环境指数综合构成评价指标体系，弥补以往表征其中一种因素的指标不足，构建了能够全面体现出适合中国石油企业特点的对外直接投资区位选择评价指标体系。

目　录

第1章 绪论

1.1 研究背景及意义

1.1.1 研究背景

2013 年 9 月，国家主席习近平在出访中亚期间首次提出了要共同建设"丝绸之路经济带"。同年 10 月，习近平主席在访问东盟期间又首次提出了共建"21 世纪海上丝绸之路"。在 2013 年 11 月召开的党的十八届三中全会上，习近平总书记明确提出要全面推进"丝绸之路经济带""海上丝绸之路"的建设，并在国内外引起了极大的关注和响应。中国"一带一路"倡议的提出与实施，对我国在经济新常态阶段实现经济转型与产业升级产生重大的积极影响，其不仅是在当前全球经济低迷下应对的发展战略，更是实现我国经济规模、作用，在国际社会中获得与自身地位相匹配的影响力的一种重要的举措，"一带一路"是通过沿线国家加强互联互通、深入开展各个领域内的合作，以实现区域内所有国家共同发展和共同繁荣。由于"一带一路"沿线国家自然资源禀赋和经济发展水平的不同，在能源领域的合作，不仅可以增进区域内国家的能源安全和能源利益，更有利于域内国家实现资源配置效率的提高。由于石油资源作为工业生产的血液，对于现代经济发展极为重要，因此石油资源的开发合作是目前"一带一路"能源领域合作中的主要内容，并将促进"一带一路"沿线国家的经济合作，同时对调整优化国际石油供给关系都会起到一定的作用。利用国家在推进"一带一路"倡议实施所带来的发展机遇，探讨中国石油企业对外直接投资合作的影响因素及其区位选择问题，以提升中国能源安全保障水平，成为当前进入新时期需要深入开展研究，并具有一定现实意义的重要问题。

随着各国联系程度日益紧密，一国企业开展对外投资合作已成为其实现国际化经营、参与国际分工、实现可持续发展的重要手段，原有的通过国际贸易模式实现企业国际化经营已难以满足现实需求，企业在全球视阈下开展对外直接投资已是必然的选择。跨国公司的对外直接投资已成为促进经济全球化的主要力量。

从 20 世纪 90 年代起，中国实施"走出去"战略，中国企业开始进行对外投资，实施其国际化经营战略，近年来对外投资的力度不断加大。根据联合国贸易和发展会议统计，中国对外直接投资流量保持持续增长，2003 年中国对外直接投资流量仅为 28.55 亿美元[①]，2018 年末，中国对外直接投资 1430.4 亿美元，同比下降 9.6%。在全球对外直接投资流出总额同比减少 29%，连续 3 年下滑的大环境下，占全球对外直接投资流量 1.0145 万亿美元的 14.1%，全球占比再创新高，中国历年对外投资流量如图 1-1 所示。2018 年末，中国对外直接投资存量达 1.98 万亿美元，是 2002 年末存量的 66.3 倍，全球占比为 6.4%[②]，为全球第二大对外投资国。

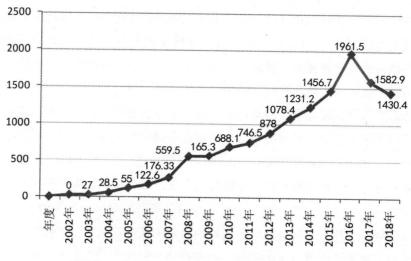

图1-1　中国对外直接投资流量（2002-2018）

在中国对外直接投资总量中，根据投资金额计算，采矿业占 52%、制造业占 23%；根据投资项目数量来测算，采矿业占 32%，制造业占 42%，这两项在统计中国石油企业的对外直接投资时，是被计入了商务服务业，但实质上中国石油企业的对外投资合作项目绝大部分还是属于采矿业。从现阶段中国进行的对外投资合作项目来看，其主要目的首先还是为了满足国内企业生产的需要而获取自然

[①]　UNCTAD.World Investment Report2015:ReformingnternationalInvestment Governance[M]. United Nation.Geneva,2015:39-46.

[②]　商务部、国家统计局、国家外汇管理局联合发布《2018 年度中国对外直接投资统计公报》。

资源，与资源类投资合作相关的项目，从数量上看占到对外投资总量的 41.3%、从投资金额上看占到对外投资总额的 51.3%；其次，是为了开拓海外市场；再次，是为了获得先进的生产技术。

伴随着中国经济长期高速增长，中国的产业结构、社会保障水平、全要素生产效率、环境保护法制建设已经发生了根本性的变化，随着绿色发展理念的普及，能源消费结构也发生了革命性的变革，但受限于我国能源资源中煤炭占比过高，石油天然气所占一次性能源消费比例仍远低于国际平均水平，面对巨大的消费需求，国内石油生产能力已远不能满足需求，石油对外依存度一路攀升，2009年中国对外石油依存度为 51.3%，到 2016 年超过了 65%，到 2018 年已经达到69.8%（如表 1-1 所示）。

表1-1 中国石油进出口量及对外依存度

单位：万吨

年份	1990	1995	2000	2005	2010	2015	2016	2017	2018
生产量	13831	15005	16300	18135	20301	21456	19969	19151	18910.6
进口量	756	3673	9748	17163	29437	39749	44503	49141	46190
出口量	3110	2455	2172	2888	4079	5128	6383	7027	262.68
消费量	11486	16.65	22496	32547	44101	55160	56403	58745	62500
对外依存度	0	7.10%	33.80%	42.90%	54.80%	60.60%	65.50%	67.40%	69.80%

资料来源：中国统计年鉴。

由于全球石油资源分布不均衡，发达国家在实现工业化过程中，石油资源的获取多是进行对外直接投资，并控制了世界上主要石油资源区块的开发权，近年来在世界经济政治形势不断变化和石油需求日益增大的情况下，世界石油格局也发生了巨大的变化，主要石油资源国和消费国纷纷将石油问题上升到国家战略高度。由于中国庞大的人口和经济规模，同时作为世界上最大的制造国和出口国，不仅是世界主要的石油生产国，同时还成为目前最大的石油进口国。石油价格波动越来越频繁、石油供需受到多种因素的影响，要保障国家石油供给安全，已面临前所未有的挑战和严峻的竞争局面。要突破这一困境，对国际石油资源进行直接投资是一种有效途径。

1993 年,中国成为石油净进口国,也是从这一年开始,中国石油企业开始进入海外石油项目的勘探、开发、生产和服务等领域。2008 年以来,以中国石油、中国石化和中海油为代表的中国石油企业积极进入国际石油市场,中国石油企业的海外投资显著增加。近年来,中国石油、中国石化等中国石油企业的海外投资规模接近 2000 亿美元,世界主要石油资源富集区的油田,很多都有中国的资本、施工队伍、石化设备等的投入。在俄罗斯、中东等地的大型油田,中国石油企业已投入巨额资金进行石油勘探开发,但中国石油企业的国际化程度和全球运营能力与世界主要大型独立石油企业相比,还有一定差距。中国三大石油企业是在国际石油产业成熟的格局中不断取得突破,能够取得现有成效已实属不易,但相对于快速增加的国内石油消费增长和国际石油资源开发现状而言,在国际石油市场上,中国石油企业仍有很大的投资合作空间。在"一带一路"倡议实施的背景下,中国石油企业应充分利用拥有的技术优势、规模优势、管理优势、配套服务优势,扩大对海外石油资源的控制,不断提高企业竞争力和在国际石油市场上的影响力。而其对海外石油项目投资的区位选择正确与否,则是非常关键的一步,这一步决策会直接关系到投资合作项目的成败,注重区位优势的选择是中国石油企业进行对外石油投资合作首先要面对的一个最主要的问题。区位选择的成败会直接影响到对外投资合作活动中投资企业优势作用的发挥,关系到投资企业国际化发展战略的布局,最终也会关系到投资企业的后期收益和长远发展。尽管"一带一路"沿线国家具有丰富的石油资源,但对于中国石油企业来说也面临着较大的风险和挑战,目前已有部分对外石油投资项目经历过了战争、内乱、资源国政策的不确定性等所带来的巨大投资风险。在"一带一路"政府层面合作所带来利好的因素下,如何依据东道国的影响因素和企业自身优势,做出中国石油企业对"一带一路"沿线国家的合理的区位选择,推进中国石油企业国际化发展战略的实施,提升其在国际石油市场上的影响力和话语权,本书将提供一定的理论支持和政策建议。

1.1.2 研究意义

1.1.2.1 学术价值与理论意义

区位选择理论是探讨企业生产经营活动空间分布与规律的学说,是企业对外直接投资理论的重要组成部分,对企业实际投资行为有着重要的指导作用,近二十年来,随着国际经济融合程度的提高,世界各国对外直接投资得以迅猛发展,对外直接投资区位选择理论的研究也逐渐成为理论经济学研究的一个热点，但至今仍未形成具有一般通用意义上的区位选择理论。很多主流的对外直接投资理论都包含了对外直接投资区位选择的相关思想，但主要是以西方发达国家为研究对象并指导其投资实践；对于以发展中国家为研究对象，并能反映和指导其对外直接投资实践的理论仍需完善和发展。改革开放后，中国成为国际直接投资的主要接受国，形成了大量的相关研究成果，但是大部分成果主要侧重于外商对中国投资的研究，而中国企业对外投资的相关研究与中国对外投资快速增长的现实相比，显得过于单薄。随着"一带一路"倡议的实施，以及中国企业综合实力和国际化运营能力的不断增强，中国成为带动世界经济发展的引擎和全球主要的对外投资国。目前，中国已成为世界第二大经济体和主要的对外投资输出国，也是世界最大的石油消费国、进口国和最主要的石油生产国，中国三大石油企业经过近三十年的发展，在综合实力上也已位居世界前列，正在逐渐改变着世界石油市场的格局。鉴于我国在世界经济中重要的影响力和作为世界石油格局变革的主要推动者，在"一带一路"倡议实施所带来全球治理结构再造的大背景下，本书将依据"一带一路"国家的实际情况，从企业的微观视角出发，全面、系统研究中国石油企业对"一带一路"国家投资合作的区位选择问题，并探索符合中国石油企业及国内外宏观环境、对沿线国家进行石油投资合作区位选择的机理，从微观化和系统化方面丰富区位选择理论研究。

1.1.2.2 实践价值与现实意义

"一带一路"倡议的提出，旨在通过进一步加强区域内国家的合作、做到互联互通，促进域内各国实现共同发展。"一带一路"倡议是一个开放、包容的倡议，是中国主动应对全球形势发生深刻变革下做出的和实施的重大决策，不仅在中国经济发展的新阶段具有重要意义，同时和"一带一路"区域内各个国家的发展意愿、发展战略也相一致，"一带一路"倡议使沿线国家紧密联系、促进共同发展，对于世界经济新秩序的重构有着积极的作用，对于进一步提高中国与世界经济的联系、提高更加开放型经济发展有着重要的意义。石油领域的合作是"一带一路"建设的一个主要着力点，由于沿线国家石油资源分布的不均衡和经济发展水平的不同，在石油领域加强合作，不仅可以增进区域内石油进口国的能源安全和提高石油出口国的国家利益，更有利于从一个整体统一进行资源配置，实现资源利用效率的提高，进而实现区域内经济发展提速。中国从"一带一路"沿线国家进口的石油占到进口石油总量的 70% 左右，"一带一路"倡议通过政府层面的推进，为中国石油企业营造了较好的对外投资合作环境。中国石油企业经过近三十年的快速发展，已在全球石油勘探开发领域具有一定的比较优势，如在低渗透油气藏和稠油等非常规油气藏开发领域具有世界领先的系列技术，还具有石油全产业链的设施、设备的研发、设计、制造和建设的能力，拥有规模庞大、管理先进的油田技术服务企业，通过石油企业对"一带一路"沿线国家的投资合作，在实现石油企业国际化发展、保障国家能源供给的同时，既可以直接带动石油石化及相关配套装备制造业、服务业的对外直接投资，还可以间接带动中国与沿线国家之间的人员、文化交流，带动贸易增长、促进科技合作。但是"一带一路"沿线国家之间由于地理位置和历史的原因存在着错综复杂的民族、宗教矛盾，会受到地缘政治关系的影响，另外各国间社会经济发展水平也不均衡、社会治理水平普遍不高、法治建设滞后，会使中国石油企业对"一带一路"国家的直接投资存在诸多不利因素。因此，本书针对中国石油企业的发展过程和发展战略，通过对"一带一路"东道国的影响因素以及中国国内相关影响因素的分析，构建中国石油企业对外直接投资的理论分析框架。在此基础上，选取具有代表性的国家数据进行实证检验，对中国石油企业在沿线国家和地区的投资合作所面临的机遇和问题进行系统、全面地分析，以期能够在"一带一路"背景下，为中国石油企业对外石油投资合作区位的选择、加强中国与沿线国家的石油合作提出合理的政策建议，对于政府决策和中国石油企业对外直接投资区位选择的决策具有一定的参考价值。

1.2 主要概念界定与研究内容

1.2.1 主要概念界定

1.2.1.1 投资与对国际投资

投资，是指特定主体为了可以预期取得的经济利益，在一定时期内向某一领域的标的物投放足够数额的资金或实物的经济行为。根据投资活动所涉及的区域，投资可以分为国际投资和国内投资，二者从本质上讲是没有区别的，只是投资区位的不同、都是以实现利润最大化为投资目的。

国际投资，是国家间发生的投资行为或者说是一个国家（或地区）的个人、企业、政府对其他国家（或地区）进行的跨国界投资。对于国际投资的理解有广义和狭义之分，狭义的理解单指国际直接投资和国际投资，广义的理解则是指除了国际直接投资外，还有国际证券投资、国际借贷及部分国际援助等。

1.2.1.2 国际直接投资与对外直接投资

国际直接投资，是指一国的企业或个人出于获取利益的目的，将有形资产或无形资产，通过新建或并购的方式投放到境外，设立企业或分支机构在境外开展经营的行为。

对外直接投资，是指一国企业或者自然人为取得在某一国家内企业的实际控制权，通过输出资本、设备、技术以及管理技能等有形和无形资产的经济行为，它不是单纯的以货币为转移，而是集货币、技术、管理、人力等多种要素资源的综合转移。对外直接投资会因为各国经济发展、要素或资源禀赋的差异等因素的不同而不同，呈现出多元化的趋势，成为许多国家发展经济和开展技术合作的一种重要方式。

1.2.1.3 中国对外直接投资

本书所指的对外直接投资，按照中国原外经贸部给出的定义，是指中国对其他国家（或地区）的狭义的国际直接投资，即中国境内的投资者在国外及港澳台地区以现金、实物、无形资产等方式进行投资，并以控制国（境）外目标企业经营管理权为核心的经济活动。

中国石油企业的对外直接投资，是以中国石油企业作为经济主体，以拥有或控制国外（或地区）有关石油资源开发项目的经营权为核心，以获取资源、利润为目的，提升企业国际竞争力和可持续发展能力，并承担保障国家能源供应安全为主要出发点而进行的海外石油项目的投资。

1.2.1.4 对外直接投资的区位选择

对外直接投资的区位选择是指在跨国企业实施对外直接投资的过程中，为了实现企业长期利益最大化，根据企业投资动机，会在一定投资区域的备选范围内选择其中一个作为其投资目的地的决策过程。企业对外直接投资区位的选择是企业出于一定的投资动机和投资目标，而在两个或多个对外直接投资方案中选择一个最优方案的分析和判断的过程。由于每个区位选择的方案在制订时都会结合实际情况在综合分析各种影响因素的作用后有它的相对的优势或者劣势，从企业经济活动的属性来看，企业对外直接投资区位的选择，可以根据研究需要划分为全球范围内一定区域选择、国别选择、一国内地方行政区域的选择等，在本书研究中，对外直接投资的主体是以中国石油、中国石化和中海油三大石油公司为代表的中国石油企业；对外直接投资的区位选择，本书限定在"一带一路"域内主要石油资源国范围内的国别选择。

1.2.1.5 "一带一路"沿线国家及其区域划分

"一带一路"是目前世界上覆盖范围最广、涉及国家最多、发展潜力最好的区域发展倡议，"一带一路"沿线国家间开展区域合作的历史悠久。

其中"一带"是指"丝绸之路经济带"，根据沿线国家贸易联系具体可以细化为以下三个方向：一是从中国出发通过新的亚欧大陆桥向西经过中亚、俄罗斯到达中东欧等国家；二是从中国出发通过中亚、西亚到达欧洲；三是从中国出发到达南亚、东南亚主要国家，并辐射周边地区。其中中国西部九个省区市和中亚五个国家构成了"丝绸之路经济带"的核心区。

"一路"是指"21世纪海上丝绸之路"，按照联系走向可以分为以下两条主要方向：一条是从中国沿海港口出发途经南中国海到达印度洋，进而连接到欧洲；另一条是从中国沿海港口出发到达南太平洋。

本书依据北京师范大学"一带一路"研究院《"一带一路"沿线国家综合发展水平测算、排序与评估报告》中的"一带一路"沿线国家名单，将"一带一路"的沿线国家和区域划分如表1-2所示。

表1-2 "一带一路"沿线国家区域划分

序号	区域	国 家
1	东盟10国	新加坡、马来西亚、印度尼西亚、缅甸、泰国、老挝、柬埔寨、越南、文莱、菲律宾
2	中亚5国	哈萨克斯坦、乌兹别克斯坦、土库曼斯坦、塔吉克斯坦、吉尔吉斯斯坦
3	独联体7国	俄罗斯、乌克兰、白俄罗斯、格鲁吉亚、阿塞拜疆、亚美尼亚、摩尔多瓦
4	南亚8国	印度、巴基斯坦、孟加拉、阿富汗、斯里兰卡、马尔代夫、尼泊尔、不丹
5	西亚18国	伊朗、伊拉克、土耳其、叙利亚、约旦、黎巴嫩、以色列、巴勒斯坦、沙特阿拉伯、也门、阿曼、阿联酋、卡塔尔、科威特、巴林、希腊、塞浦路斯、埃及
6	中东欧16国	波兰、立陶宛、爱沙尼亚、拉脱维亚、捷克、斯洛伐克、匈牙利、斯洛文尼亚、克罗地亚、波黑、黑山、塞尔维亚、阿尔巴尼亚、罗马尼亚、保加利亚、马其顿
7	其他	蒙古

1.2.2 研究框架与研究内容

作为在新的发展时期提升中国对外开放水平和参与全球治理体系再造的重要战略举措，中国加强对"一带一路"各个区域、各个国家的投资合作是一个系统性的重大课题，本书在梳理已有对外直接投资研究文献和理论的基础上，探索构建适用于中国企业对外直接投资的理论分析框架，并从中国石油企业的微观视角出发，基于"一带一路"国家石油资源条件筛选部分国家为投资目标国，全面分析影响中国石油企业对相关国家对外直接投资区位选择的影响因素，并展开实证检验，最终针对不同国家的特征，通过研究做出相应投资区位的选择（具体研究框架如图 1-2 所示）。

第 1 章绪论，主要是阐述本书的研究背景和研究意义，以及本书研究思路和研究方法、研究的主要内容和整体研究框架，对本书的创新点进行概括，并就研究中所涉及的核心概念进行界定。

第 2 章是区位选择的文献综述和理论基础，分为不同角度对国内外学者有关对外直接投资、"一带一路"相关研究文献，以及不同因素对企业开展跨国投资区位选择的影响等研究成果进行综述。对本书所涉及的相关主要理论加以阐述，旨在为本书后续的研究奠定基础，力求在已有研究基础上针对中国石油企业对"一带一路"沿线国家直接投资区位选择问题打下理论基础。

第 3 章为中国石油企业对外投资区位分布现状分析，概况总结了中国石油、中国石化、中海油三大石油企业对外投资的实践及分析中国石油企业对外投资的现状与区位特点，并结合"一带一路"倡议的实施，分析中国石油企业面临的机遇和问题。通过分析雪佛龙、壳牌等大型国际独立石油公司、日本石油公司以及和中国具有一定相似性的发展中国家的石油公司，如印度石油天然气公司对外投资的区位布局，为中国石油企业对外投资布局提供一定经验借鉴。

第 4 章是中国石油企业对外直接投资区位选择的机制分析，在前几章的基础上，确定中国石油企业对"一带一路"沿线国家直接投资区位选择应遵循的原则、可采用的方法，并在中国石油企业对外直接投资区位优势的形成等机制分析的基础上，构建中国石油企业对沿线国家开展投资合作区位选择的模型，为第 5 章、第 6 章、第 7 章的实证分析进行理论应用的延伸和拓展。

第 5 章为基于投资母国视角下中国石油企业对外直接投资区位选择影响因素的实证分析，主要从中国经济发展水平、政策和融资能力、国内石油需求、石油供给、石油价格等方面分析中国作为投资母国带给石油企业的影响，并选取有一定代表性和可量化的指标进行实证分析。

第6章为基于东道国视角下中国石油企业的对外直接投资区位选择影响因素的实证分析，本章针对中国石油企业对沿线东道国进行石油投资合作区位选择的主要决定因素，选取样本国家的经济、制度、基础设施、文化距离和石油储量等因素，分析沿线国家的对于中国石油企业投资区位选择的影响，并基于2000—2016年"一带一路"沿线20个国家的面板数据，运用引力模型对资源国相关影响因素进行检验。

第7章为中国石油企业对外直接投资区位的选择，本章在第6章、第7章中国石油企业对外直接投资区位选择影响因素实证分析的基础上，重新构建了适用的评价指标体系，研究中国石油企业对沿线国家投资区位选择，本章应用AHP方法对"一带一路"石油资源国的投资区位选择进行实证分析和排序，确定相应国家投资的顺序，并确定重点投资区位。

第8章为研究结论、政策建议与研究展望，本章对全书进行概括性总结，在综合上述的研究内容、分析结论和实证检验的基础上，就中国石油企业加强对沿线国家石油领域的投资合作提出政策建议。最后就未来研究方向作了进一步展望。

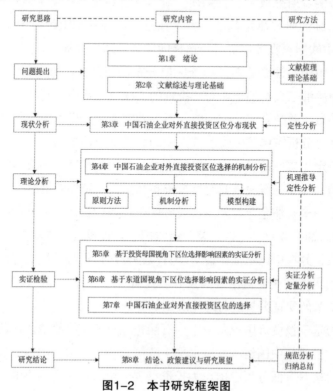

图1-2 本书研究框架图

1.3 研究方法与研究思路

1.3.1 研究方法

本书以经济学及对外直接投资相关理论为基础，在借鉴国内外相关研究成果的基础上，根据石油资源禀赋在"一带一路"沿线选取样本国家，以中国石油企业对外投资合作的实践为主线，采用归纳与演绎、定性与定量、规范与实证、动态与静态相结合的多种方法构建理论分析框架。主要采用了以下几种研究方法：

1.3.1.1 归纳法与演绎法相结合

由于企业对外直接投资根据具体项目的不同会有不同的特征，对其区位选择涉及的影响因素也十分复杂，除了对外直接投资理论外还涉及能源经济理论等。因此，在本书研究中国石油企业对外直接投资区位选择的问题时，通过对各种相关理论研究进行评述分析，归纳总结中国石油企业对外直接投资区位选择的一般性规律，并以此出发，演绎分析中国石油企业对外直接投资区位选择面临的主要问题，并最终提出相应的政策建议。因此，在本书中归纳和演绎的结合，实现了很好地统一。

1.3.1.2 静态与动态相结合

理论只是对过去实践经验的总结，随着时间的推移和环境的变化，在过去经验基础上形成的理论，并不能对当前的实践发挥完全的指导作用，必须要随着环境和条件的变化进行一定程度的完善。随着大型跨国企业在全球经济一体化进程中成为重要的推动力和国际经济合作的主要执行者，在国际生产分工模式日益复杂化，尤其是在面对当前全球经济秩序再造和复杂程度加深的前提下，只有将静态问题和动态问题综合考虑，才能做到较为全面地分析和研究。

1.3.1.3 定性与定量分析相结合

在研究中国石油企业对外直接投资区位选择及其影响因素的过程中，有很多指标，诸如涉及政治风险、社会稳定性以及文化距离等指标很难准确地进行描述和量化。但随着计量技术和方法的不断发展提高，采用适当的定性分析方法，并在此基础上结合一定的定量方法，也同样可以揭示事物的内在本质和规律，在此基础上，定性分析中国石油企业对沿线国家投资合作过程中所存在的一些难以量化的影响因素，并根据中国石油企业影响因素和区位选择的研究过程和特点，具体运用适当的定量分析方法。

1.3.1.4 规范分析与实证分析相结合

规范分析是对事物具备的形态和特征进行判断，主要侧重于回答"应该是什么"的一种研究方法。实证分析是主要侧重于回答"是什么"的问题。本书针对中国石油企业对"一带一路"沿线国家直接投资的影响因素及区位选择，注意运用已有理论分析的同时，能够结合现阶段中国石油企业发展状况进行规范性分析，在实证分析时分别运用投资母国和"一带一路"沿线20个样本国家17年的数据进行实证检验，在具体结论分析过程中将二者有机结合，做到对论文主题更为系统和全面的把握。

1.3.2 研究思路

本书在以往学者研究成果和相关理论的基础上，首先基于"一带一路"背景下，就中国石油企业对沿线国家投资合作的影响因素及其区位选择的机制进行分析，构建理论模型。进而，通过实证分析研究了资源国、投资国、投资企业及其他相关因素对中国石油企业在"一带一路"沿线国家对外直接投资区位选择的影响，并进行投资区位选择的实证分析。具体来说，本文遵循以下思路展开各章的主要内容：

首先，分析了"一带一路"沿线资源国经济、制度、石油储量等，投资国的经济、政策、融资环境等，投资企业区位选择的优势及其他相关因素是通过哪些机制可以对中国石油企业的对外直接投资区位选择产生影响，或者说各种影响因素对中国石油企业对外直接投资区位选择的影响机理。具体来看，本书分别从投资母国、东道国视角下中国石油企业对外直接投资区位优势的形成和中国石油企业对外直接投资区位选择两个方面，形成了相应的分析框架。

其次，采用2000—2016年中国以及中国石油企业相应的面板数据，选取中国的经济发展、产业环境以及石油企业等一系列基于国内视角下的影响因素，就对其影响中国石油企业对外直接投资相关的因素进行实证分析。

再次，采用2000—2016年中国对外直接投资的年度流量数据，以及"一带一路"沿线石油资源国2000—2016年的面板数据，构建扩展的引力模型，从政治、经济等方面的选取指标，实证检验中国石油企业对"一带一路"沿线石油资源国进行直接投资区位选择的影响。构建"一带一路"国家投资区位环境评价体系对各个国家进行区位选择的排序，并应用层次分析法进行实证分析，对"一带一路"沿线石油资源国的投资区位排序，综合分析"一带一路"沿线重点石油投资的国别选择。

最后，在以上分析和实证研究的基础上，针对中国国情、"一带一路"沿线石油资源国的影响因素及其外部环境提出相应的政策建议。本文的研究思路如图1-3 所示。

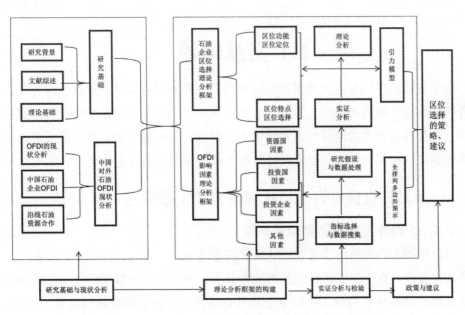

图1-3　研究思路

第2章　文献综述与理论基础

2.1　文献综述

近年来随着中国企业大规模进行海外投资，并不时有媒体报道出中国企业在海外巨额并购、收购的新闻，引起了有关学者对于中国企业对外直接投资研究的兴趣，相关理论和实践的研究也开始增多，但是针对中国企业对外直接区位选择问题的系统分析相对较少，也未形成具有普遍指导意义的理论体系。

2.1.1 对外直接投资区位选择研究的文献综述

2.1.1.1 对外直接投资动因的研究

（1）中国不同发展阶段的发展战略是基本导向

有学者认为在中国经济转型升级的背景下，中国的经济制度环境和发展阶段以及发展的战略导向构成了中国企业对外直接投资区位选择特殊性的基本来源。郑磊（2015）通过对中国企业的不同发展阶段和不同类型企业的实证分析，发现其呈现明显的动态特征。赵晓晨（1999）认为中国对外直接投资的动因，一是为了解决供需矛盾，二是要实现经济发展均衡的需要。胡朝晖（2006）研究认为国内市场激烈的竞争、企业可利用资源的不足及国家产业政策的调整是企业进行对外直接投资的主要动因。裴长洪、郑文（2011）和肖文、周君芝（2014）等学者研究发现中国企业对外直接投资的区位选择倾向于生产要素资源丰裕的发展中国家和技术先进的发达国家，这主要是由于中国企业国际竞争优势长期以来体现在劳动力的低成本、规模化的生产及灵活的经营，在中低端生产及其市场领域具有极强的竞争力，因此要素密集投入的优势就能得到发挥，在企业进入国际化发展阶段就偏好于对其生产所需自然资源、廉价劳动力和其他企业所必需的资源进行投资。叶刚（1992）通过对上海、北京和福建的 37 家企业对外投资项目进行考查，发现这些企业进行对外直接投资区位选择考虑的首要因素是寻求海外市场，其次才是东道国政府为吸引外国投资而实施的优惠政策，第三个因素是为了能够促进企业出口而学习有关国家先进的管理经验和技术。

（2）比较优势决定了企业对外直接投资的动因

随着中国经济的持续高增长和"一带一路"倡议的实施，以及中国企业"走出去"步伐的加快，中国对外直接投资出现大幅度的增长，服务于企业的发展战略是对外直接投资的基本目标，寻求资源、战略资产和市场是企业对外直接投资的几个主要动因。也有学者基于不同的角度提出新的解释，如李翀（2007）认为发展中国家的企业在国际竞争中虽然不具备整体优势，但可能具有局部的技术优势、规模优势和细分市场竞争优势，这种局部竞争优势及其对利润的追求成为发展中国家的企业进行对外直接投资主要动因。刘青等（2017）发现金属矿产资源是中国企业跨国并购关注的重点，对于区位选择及规模效应都存在显著正向影响，而石油资源则由于其受到国际经济、政治、金融、军事等复杂因素的影响，对于中国企业来讲主要关注规模效应。胡博、李凌（2008）认为对中国企业而言，发达国家或地区的区位优势体现在其所拥有较高的科技发展水平，但其市场成熟、竞争激烈，进入门槛相对较高。而发展中国家或地区的区位优势则在于丰富的自然资源禀赋或潜在的国内市场。何慧红、余爱云（2010）认为多数发展中国家的社会经济发展水平、科技研发实力、产业结构和消费偏好等方面与中国存在一定的相似性，而且中国企业与其国内企业相比可能还具有一定比较优势，在对外直接投资区位选时应将发展中国家或地区作为重点。张慧（2014）将所选取的 86 个样本国家分为发达、中等发达、发展中和最不发达四类国家，分析认为中国企业对外投资区位选择注重对技术的寻求。

2.1.1.2 对外直接投资区位选择的影响因素

（1）政策及制度因素对区位选择的影响

贾玉成、张诚（2016）认为中国政府与中国企业对外直接投资目标国政府间双边投资协定（BIT）降低了中国企业的投资门槛与风险，增加了中国企业对投资目标国投资的可能性。但由于双边投资协定签署国之间经济发展水平、政策制度、投资环境等存在客观的差异，中国政府与不同国家之间的双边投资协定，在中国企业的对外直接投资区位选择中影响程度与作用也会存在一定的差异。宗芳宇等（2012）认为双边投资协定作为特定的联系两国的双边制度，给中国企业的对外投资提供了不同于国家制度环境的保护，因而会对中国企业投资区位选择的决策产生重大影响，并通过实证分析发现双边投资协定可以弥补两国间制度支持的不均衡性，促进中国企业到签约国投资。同样，饶华、朱延福（2015）也认为中国企业的对外直接投资区位选择存在一定程度的制度偏向，对于资源丰裕的国家和制度质量相对中国落后的国家，中国企业偏向于制度质量差且与中国制度差距大的国家；而对于资源丰裕度不高的国家，中国企业偏向于选择制度质量相对较高且与中国制度距离较小的国家。陈丽丽、林花（2011）发现对于市场寻求型与战略资产寻求型的中国企业，其对外投资区位的选择过程中，制度因素起到的影响程度相对较小，但相较之资源寻求型的中国企业，制度因素对其区位选择影响程度最低。

（2）经济发展水平的影响

陈萍萍（2016）应用相关性分析方法分析"一带一路"沿线国家经济制度和中国企业对外直接投资之间的关系，得出结论是中国企业倾向于投资经济制度环境宽松且与我国制度环境差异较小的邻国、对与我国制度环境相差较大且地理距离较远的国家则投资较少。戴翔等（2013）通过分析集聚优势影响企业对外直接投资的理论机制，认为行业集聚的分工协作效应，对于企业控制其投资的风险有积极的作用，并有助于降低其生产经营的运行成本，进而影响到企业对外直接投资区位选择的决策。余官胜、都斌（2016）研究发现企业融资难度越大，其在对外投资区位选择时越倾向于选择经济规模小、发展水平低、技术落后的国家或地区，此外还发现企业生产效率与投资目标国家或地区的金融发展程度负相关。

（3）人文因素的影响

有学者研究发现"心理距离"、历史和文化相似性是影响中国企业对外直接投资区位选择的重要因素。这也是马来西亚以及新加坡等华人聚集地吸引中国企业投资的一个主要因素。张华容、王晓轩、黄漫宇（2015）分析了语言差异、宗教信仰差异、文化距离、政治体系差异、教育水平差异和地理距离等因素对于企业对外投资的影响机制，并运用2004—2013年中国对外直接投资的数据实证分析得出语言差异的影响程度最大、文化距离的影响程度最小。也有学者认为文化距离对于中国企业对外直接投资区位选择的影响程度较大，并与对外直接投资规模正相关。由于人文因素的影响作用，中国企业的对外直接投资已经成为中国软实力的延伸。宋维佳、许宏伟（2012）考察中国企业对外直接投资区位选择的决定因素时，发现投资目标国的自然资源禀赋、对外开放程度、科教文卫事业发展水平及东道国与中国贸易的关联度等因素有着明显的影响。

（4）区位选择影响因素的实证分析

随着中国对外直接投资存量的快速积累，以及中国近年来经济技术发展水平的不断提高，针对中国对外直接投资出现的各种各样的问题，相关研究日益增多，研究方法也逐渐丰富起来。

王娟和方良静（2011）运用动态 GMM 方法，来娇娇、陈瑛（2012）和潘素昆、袁然（2016）利用灰色关联分析法，分析中国企业对于发达国家和发展中国家直接投资时的影响因素及其对于不同发达程度经济体直接投资的异同。王莉娟、王必锋（2016）应用异质边际成本——固定市场进入成本模型，在一般均衡框架下通过分析企业对外直接投资利润形成的因素，来研究其区位选择影响的机制。郝寿义、倪方树等（2011）对霍特林模型进行了扩展，并运用博弈论的思想通过商品价格、运费率、集聚强度和消费者收入等因素的影响来分析企业对外直接投资的区位选择。在经济新常态发展阶段，中国企业对其他发展中国家的投资促进了我国产业转型升级，通过近年来有关文献分析发现，中国企业对外直接投资的区位选择倾向于：一是拥有丰富自然资源和市场资源的发展中国家或地区，二是具有技术和研发优势的发达国家或地区。

程惠芳、阮翔（2004）在引力模型基础上，通过引力系数进行分析、揭示中国对外直接投资的区位分布规律。吴亮、吕鸿江（2015）通过条件 logit 回归，选取了 2000—2010 年中国在上海证券交易所上市的 836 家企业，并用这些企业在全球 56 个国家或地区的投资数据，分析了网络外部性对中国企业投资区位选择的影响，结果显示两者之间存在倒 U 型关系。中国对外直接投资流量与投资目标国家的经济整体规模、经济发展水平、人均国民收入、双边贸易额等因素呈现出正相关性。

随着"一带一路"建设的推进，中国企业跨出国门开展投资经营的步伐不断加快，中国对外投资不论是数量还是规模已不可同日而语，甚至在某些国家或地区已经发挥出重要的影响力，当然也有很多成果和失败的案例，但对其研究已逐渐成为热点。

2.1.2.3 对外直接投资区位选择的研究趋势

目前相对于对外直接投资动因、机制等相关研究的成熟性而言，有关中国企业在区位选择及影响因素方面的研究还未形成统一完善的体系。由于对外直接投资行为是通过企业来实施，而其区位选择的过程受到国际政治、经济环境、东道国和母国的政策、社会发展水平、文化及企业发展战略等一系列因素的影响，随着研究的深入和具体，区位选择理论的研究日益呈现出微观化、系统化、全球化的趋势，研究方法也呈现多样性。

（1）从企业微观的需求出发进行研究

对外直接投资载体是一个个具体的企业，对其区位选择理论进行研究的根本目的就是能够为企业的对外直接投资行为提供理论支撑和指导，要取得学界和业界的认可，就要从企业实际需要出发来进行研究，微观化就成为对外直接投资区位选择理论研究的方向。其新发展是在微观经济学理论的基础上，基于企业的实际需求从其对外直接投资的投入成本和可获得的预期收益来进行研究，以及国家特征对企业对外直接投入成本和可获得的预期收益的影响。企业可以选择在一个国家或地区开展生产经营活动，也可以选择在多个国家或地区开展生产经营活动，投资模式有股权参与和非股权参与，其中股权参与又可以分为绿地投资和并购，不同的投资模式之间的操作有很大的差异，但其对外直接投资最终是以盈利为目的，最终要实现企业的发展战略，因此，必须根据其利益最大化的诉求，进行对外投资区位的决策。

（2）基于全球化的视角进行研究

经济一体化是当今世界经济的一个重要发展趋势，尽管近年来出现了部分逆全球化的动向，但全球经济一体化仍将是发展趋势，而全球化背后的重要驱动力就是各国企业对外直接投资的快速发展。随着全球经济一体化的发展，一些大型企业，特别是像中国石油、华为、中国银行、国航等企业，它们在不同的国家、不同的地区都进行直接投资，并设有分支机构或合资合作企业。跨国企业都是在全球视阈下进行资源的跨国界配置，跨国经营企业首先直面的问题就是不同制度背景下表现出的制度框架不同，而要突破这种不同制度框架的制约，保持企业竞争优势、实现长期可持续发展，前提条件是企业在全球范围内能够平稳地开展交易活动。

（3）基于系统化理论进行研究

传统的对外直接投资理论都是以某一个或以几个具体的因素对区位选择的影响作来进行研究，而这样形成的研究成果很难解释现实问题，因为企业进行对外直接投资区位选择，是要考虑来自各个方面众多因素的影响，只有将多种要素综合起来进行系统的分析，才会具有现实意义，因此需要运用系统化的理论进行研究。英国学者邓宁（John H.Dunning）提出的国际生产折中理论，是综合了企业所有权优势、内部化优势和区位优势进行分析，是最早也是到目前为止适用性最广的系统研究理论，基于此，企业对外直接投资的区位选择实质就是企业基于利益最大化而在其母国与东道国之间进行博弈，进行资源配置的过程。

（4）研究方法的多样性

随着对外直接投资理论的发展和研究的深入，研究方法也不断发展，呈现出多样性。从定性分析到定量分析，并结合了心理学、制度经济学、地理经济学、管理工程及经济学等多个学科。随着信息技术和知识经济的发展，经济发展模式正在实现持续的改变，自然资源、实物资本在对外直接投资中的作用在不断下降，而管理能力、技术研发、品牌运营等在企业对外直接投资中的作用不断得以增强，与原有影响因素相适应的研究方法难以准确对新的发展进行科学的分析。一些学者不断结合现实因素，运用多种研究方法进行分析，如结合企业技术创新能力的因素。

2.1.1.4 中国企业对外直接投资的区位决策因素

随着中国经济的持续高增长，以及中国与全球经济融合度的提高、企业国际化进程的加快，近年来中国对外直接投资增长迅速，截至 2018 年底，中国超 2.7 万家境内投资者在全球 188 个国家（地区）设立对外直接投资企业 4.3 万家，在全球投资存量的占比提升至 8.7%，在全球分国家地区的对外直接投资存量排名由 2002 年的第 25 位升至第 3 位。由于中国企业对外直接投资存量的快速增加，受到的影响因素也越来越多、作用越来越大，如何做出正确的区位选择将是今后研究的重点。

距离是影响企业对外投资决策的一个重要因素，两国间的距离越远，一般来讲，会对其投资意愿产生的负面影响就会越大。有学者通过研究美国企业的对外直接投资，发现文化距离与其对外直接投资区位选择负相关，还有学者认为新兴经济体国家对外直接投资区位选择的主导因素是经济发展过程中的产业升级，因此有较为显著的产业集聚特征。唐礼智、狄炀（2009）则认为产业集聚通过外部性来影响企业对外直接投资的区位选择，如技术外部性主要体现为知识溢出、联合研发等一系列社会学习过程。有学者对哈萨克斯坦、乌兹别克斯坦等中亚国家的投资进行区位选择研究，认为它们处于过渡性的经济发展阶段，缺乏完善的法律制度体系和外资引进经验。企业对外投资区位选择的主要影响因素，包括东道国的地缘政治环境、社会经济条件、法律制度、金融环境、社会文化以及交通通信等方面。有学者研究发现市场化机制、政府特许、税收鼓励、矿区使用费等因素影响资源开发型企业对外投资区位选择的决策，也有资源型企业把环评作为其对外直接投资区位选择的一个最重要决策因素。

政策制度和社会法制环境是影响中国企业对外直接投资区位选择的重要因素。当法律制度环境宽松时企业发展空间会相对较大，而法律制度约束条件较多时，企业的发展就会受到很大限制。陈培茹等（2017）研究发现，中国省级行政区域对外直接投资的扩展边际，在不同行政区域间有着显著的空间自相关性，政府的财政和金融支持政策能促进中国企业对外直接投资的扩展边际，而法制建设的滞后会起到相反的作用。张光辉、黄志启（2010）研究了政策激励对对外直接投资区位选择、集聚、社会福利的影响，并认为政策激励既不能改变区位选择，也不能产生积极的外部效应，但有可能会造成地区的福利损失。

2.1.2 "一带一路"及能源相关研究的文献综述

"一带一路"倡议是中国在新的发展历史机遇期，针对国内外客观情况，提出的进一步优化和提升中国开放发展格局的重要方针。近两年国内学者陆续发表了一系列相关的研究成果，但关于"一带一路"能源合作问题，尤其是与石油合作相关问题的研究成果还比较有限，外文资料也相对缺乏。但也从另一个方面说明，有关"一带一路"石油投资合作问题的研究需进一步加强。

2.1.2.1 "一带一路"的专题研究

从现有研究成果来看，"一带一路"相关研究主要集中于对区域经济合作、文化交流及地缘政治等方面问题的研究，袁佳（2016）针对中国对"一带一路"沿线国家基础设施直接投资增长较快的情况下探讨了如何做好资金预测和构建融资体系，并提出相应的策略。郭立宏等（2015）依据"丝绸之路经济带"建设的国家意愿和现实选择，提出了建立"丝绸之路经济带"的合作机制，加快资源、环境、能源、经济发展建设的策略。李向阳（2015）通过分析"一带一路"实施过程中的各种关系，提出了一系列需要优先处理好的关系。王琴梅、张玉（2017）运用 DEA 模型对"丝绸之路核心区"2004—2014 年物流业效率进行了整体评价，并分别就中亚各国和西北五省区的物流业效率进行分析排序。苏格（2016）则从全球视野出发就"一带一路"倡议的内涵与外延进行了探讨，并就推进"一带一路"风险防范问题进行了论述。裴长洪、于燕（2015）通过中国对外开放的格局、具体的支持方法手段和相关的政策措施等方面详细解析了"一带一路"的深刻内涵，并从深化经贸合作、加强国际投资合作、推进企业外交、密切海外华侨华人华商的联系、强化国际合作力度，加强国际的战略协调方面提出了推进"一带一路"建设的政策建议。卫玲（2017）则提出，"一带一路"倡议的实施是中国推进全球治理机制完善，在推进国际社会秩序实现公平公正基础上，进行具有开创性的探索实践。

2.1.2.2 "一带一路"能源合作的研究

袁培（2014）认为"丝绸之路经济带"的建设为相关国家在政治、经贸、文化等方面开展合作提供了平台。"一带一路"沿线国家蕴藏着储量巨大的能源资源，经济发展与中国具有很强的互补性，对沿线国家的能源资源的开发进行投资合作，对中国来说可以增加进口来源、提高抵抗国际大宗商品供给变化和价格波动带来风险的能力。汪莹等（2016）认为全球能源格局正在发生深刻变化，国际能源消费增长情况随着国际经济格局的变化而变化，新兴经济体的国际占比在不断上升，与此相对应的是在世界能源贸易格局中，亚太地区的重要性正在日益凸显。随着中国不断加强与沿线国家在石油领域的合作，区域内正在形成以油气管网为基础的经济走廊，以及涵盖能源上中下游领域的不同产业中心，进一步强化了亚太地区在世界能源贸易中的地位。刘佳骏（2015）认为中国要以能源领域的投资合作为切入点，加域内各国合作伙伴关系，推动中国全球战略布局的实施，提高国际能源市场中的话语权和影响力。但是由于历史的原因，"一带一路"部分国家长期以来受到复杂的地缘政治影响，一些西方国家为了阻挠中国与中亚、东亚国家合作的加强，一直介入东亚事务，以制约中国对于该地区影响力的提升。因此，积极推动大国间全球能源安全等问题的沟通，通过"一带一路"能源开发合作，合理布局、化解分歧、突出发展，成为我国需要长期关注的国际合作领域。

2.1.2.3 "一带一路"石油投资合作的研究

作为世界经济发展的重要能源资源和"一带一路"合作的重要内容，部分研究中提及石油投资合作问题，张琼等（2018）通过探讨中国与沿线国家油气投资合作意义，并运用熵权法结合层次分析法对合作国投资环境进行了评价和排序。

金焕东等（2017）通过分析"一带一路"域内各国石油资源和石油工业发展现状，为中国石油企业带来的合作开发及技术、服务、装备出口的机遇，同时要规避技术适用性带来的风险。张璐等（2018）通过分析"一带一路"政策和宏观经济形势对中外石油合作所带来的机遇，并从具体实施合作的视角出发，分析了中外石油合作所面临的挑战与困难，提出通过积极推动"一带一路"国家石油合作对话机制、扩展国际石油市场影响力来提升话语权，加大政策支持、积极引导中国企业开展对外石油投资合作等针对性的策略。武文静等（2017）强调在"丝绸之路经济带"建设背景下通过金融合作机制的创新，为我国能源企业参与"丝绸之路"沿线国家能源投资，以及全球能源合作提供重要的支持和有效的途径。"一带一路"倡议实施的重点在于鼓励中国企业"走出去"，强化企业资源基础、带动沿线各国共同发展，赵振智、赵松（2009）在国际石油经济全球化趋势进一步加强的背景下，提出中国石油企业通过兼并、收购和资产重组等资本运营手段，扩大石油生产规模、提高市场运营能力。张新文、高新伟（2015）则提出中国与沿线国家具有代表性和示范性的行业是石油行业，中国石油企业要借助"一带一路"的契机，在国家政策引导下积极推动"走出去"战略，积极参与全球油气产业调整，输出装备和人员，优化资产结构，为中国提供安全可靠的油气进口来源。曲会朋等（2014）认为我国应遵照国际法，借鉴国际上典型的石油合作协议，完善国际石油合作国家参与模式，优化对外石油勘探投资、合作开发的合同条款，规避投资风险。

2.1.3 文献评述

近年来，越来越多的中国企业实施"走出去"战略，中国资本的国际影响力日益增强，呈现出多种前所未有的现象。目前，中国在"一带一路"背景下，关于对外直接投资的研究主要集中于制造业、国际贸易、物流等产业或行业，很少有涉及石油企业对外直接投资的研究，由于石油合作是"一带一路"倡议实施的重要领域之一，而石油又是关系到国家安全和经济发展的重要战略物资，从20世纪90年代初开始，中国石油企业逐步发展、实力不断增强，中国对外石油投资发展取得了举世瞩目的成就。随着中国海外石油投资合作项目及石油进口量的大量增加，中国在世界石油市场上的影响力从无到有、从小到大，并在逐步改变世界石油市场原有的秩序，推动着其多极化的形成。在"一带一路"背景下，世界石油的国际供需格局将进一步被优化，对于中国的石油企业来说，这是机遇也是挑战。中国三大国有石油企业具有其特殊性，中国石油企业作为市场经营主体，在遵循实现利润最大化目标的同时，也负有一定的社会责任，其对外投资合作项目的实施，要符合国家宏观经济发展战略，同时，也会使东道国认为其投资行为具有一定的政治使命，因而其对外投资合作区位选择会面临更为复杂因素的影响。

由以上文献综述分析和科技查新结果来看，当前学者们针对"一带一路"投资区位选择的研究，主要从宏观的投资环境等方面就中国企业对外直接投资的影响进行考察，目前还鲜有学者针对中国在"一带一路"国家投资合作的重点领域——石油的投资区位选择展开具体深入的探讨，使企业的实践难以获得有力的理论支持和指导。结合中国石油企业现实需要，本书提出解决以下三个问题：

（1）在"一带一路"倡议实施的背景下，中国石油企业应如何进行区位布局？

（2）分析影响中国石油企业对"一带一路"沿线国家直接投资区位选择的因素主要有哪些？影响程度如何？通过计量经济学回归分析如何进行合理的决策？

（3）针对中国石油企业在"一带一路"沿线国家的投资合作，政府都有哪些政策措施？

2.2 对外直接投资区位选择理论

发达国家为了对其经济活动实践解释的需要，较早开始了对外直接投资相关理论的研究，并取得了丰富的研究成果。而中国对相关问题的研究起步较晚，近年来由于现实的需要，对相关问题的研究不断得以加强。

2.2.1 马克思的资本输出理论

马克思所处的时代正是资本主义处于自由竞争的时期，生产力水平和生产社会化程度较低、国际分工范围较窄，资本输出虽然已经出现，但还处于初级阶段，并主要表现为商品资本的输出。在《资本论》中，马克思论述了发达资本主义国家资本输出的原因、方式及其带来的收益。马克思认为，由于发达资本主义国家过剩资本的存在是必然的，出于对利润的追逐导致资本的输出。从资本主义发展的历史进程来考察，资本积累和集中伴随着资本有机构成的提高，使得社会不变资本的增量远比可变资本的增量要多，而在资本过剩的同时，还出现了相应的人口过剩。在出现资本与人口过剩并存的局面下，资本主义各种矛盾会不断激化。

在一国范围内，由此产生的危机处于没有解决办法的时候，资本就会追逐更高的利润率而被投放到国外，这就形成了早期的对外直接投资。马克思认为，资本本身不受国家疆域界限的限制，在世界范围内追逐剩余价值。

马克思指出："如果资本输出国外，是因为它在国外能按更高的利润率来使用"。而资本输出国外的目的，就是为了获取高于本国利润的资本增值性，其根本动因是实现资本的利润最大化，这就决定了资本必然是不受地域限制，而是根据利润率的高低决定了其流向。

马克思的资本输出理论是马克思政治经济学的重要组成部分，是关于发达资本主义国家为了给"过剩资本"寻找出路而向半殖民地国家投资的一种理论。在马克思所生活的时代，国际资本的流动主要发生在帝国主义宗主国和其殖民地之间，对殖民地的财富进行剥削和掠夺、以获得超额利润是资本输出的唯一目的。马克思的研究侧重于对外直接投资的政治效果，并且由于历史局限性产生的影响，其理论不能完全解释经济全球化下资本输出行为，更无法适用于解释现阶段中国企业的对外直接投资行为。现在国际社会已经发生了重大变化，国际的投资合作，是在自由、平等、合作和共同的发展的基础上展开的，但是资本的输出的本质没有发生改变。

2.2.2 西方发达国家对外直接投资理论

对外直接投资理论起源于西方发达国家，用以解释其跨国企业不同发展阶段对外直接投资的现象，并指导企业开展跨国生产经营活动。

2.2.2.1 垄断优势理论

美国学者海默（Stephen H.Hymer，1960）提出了以垄断优势来解释对外直接投资的理论，后由美国学者金德尔伯格（C.P.Kindleberger）做了补充发展。他们通过对美国跨国企业研究发现，进行对外直接投资的企业均为美国国内寡头垄断的企业，这些企业同东道国的民族企业相比会面临政治信仰、法律制度、经济环境、文化背景和语言等多重障碍，还要额外增加交通运输及通信等成本支出。在诸多不利因素下，跨国企业仍能实现对外直接投资的迅速发展，并获得更大的经济效益，究其原因是跨国企业的垄断优势抵消了前述各种不利因素所带来的阻滞作用。

该理论基于垄断优势和市场不完全竞争的假设，重视产业组织的结构特征及企业行为，并认为企业生产要素市场、生产的规模经济以及产品市场引起的市场竞争不完全，导致数量极少的企业会获得垄断地位。此外还有政府税收、货币政策、贸易政策等所产生的市场不完全，具有垄断地位的企业借助于这些政策，通过对外直接投资强化其竞争优势。与东道国企业相比，该企业具有抵消各种不利因素的垄断优势，这种垄断优势主要体现在：①销售网络优势，如产品性能差异、市场高占有率、价格操纵等；②生产垄断优势，如专利或专有技术、企业管理、生产组织及资金运作能力等；③规模优势，如企业横向一体化和纵向一体化带来规模经济优势，进而扩大生产规模，提升利润空间；④政府管理行为带来的优势。

垄断优势理论是在国际化程度较低的背景下，解释了企业开展对外直接投资的动因及区位选择的决策，企业对外直接投资选择的是能发挥自身技术、资金、规模等垄断优势地位的区位。垄断优势理论使国际直接投资理论突破了传统的研究方法，明确区分直接投资与间接投资，实现从宏观分析角度向企业投资行为和市场结构运行的微观角度的转变。然而，随着国际对外投资的快速发展，垄断优势理论的缺陷暴露出来。其最突出的问题是，无法解释众多不具备垄断优势的中小企业也纷纷进行对外直接投资的行为及发展中国家企业与发达国家跨国企业相比，在无法取得竞争优势的条件下对外投资呈现快速增长的趋势，同时大量的企业以其他的形式参与国际直接投资。

2.2.2.2 产品生命周期理论

美国学者雷蒙德·弗农（Raymond Vernon，1966）提出了产品生命周期理论，认为企业所生产的产品，在其生命周期的不同阶段、不同国家要素资源上的差异，决定了跨国企业会依据产品生产需要调整其对外投资。并将差异化国家分为发达、一般发达和发展中国家三类，以便于进行研究。产品生命周期的不同阶段，决定了不同产品的生产成本、区位选择，及不同的投资策略。

在产品创新阶段，由于进行研发要占有企业大量资源，同时产品市场需求小，消费者对于新产品的特性没有足够的了解，新产品的需求价格弹性很低，在这一阶段，主要通过出口进入国际市场，但是为了克服关税和非关税壁垒会把前期的产品生产线转移至境外进行生产。

在产品成熟阶段，由于国内市场趋于饱和的同时，国外市场的需求也已开始增长，企业开始对外进行投资设厂，投资区位选择方面选取一些和企业所在国的收入、消费水平相当，但劳动力成本相对于其母国来讲较低的区域进行投资，以维护或扩大垄断优势，并获得对国内其他企业的比较优势。

在产品标准化阶段，产品的生产技术已经完全成熟，甚至已经开始老化，技术本身的重要性已经逐渐消失，这一阶段产品价格的高低成为竞争的主要因素。跨国企业为了保持和延长垄断优势，开始突出其品牌和运营管理上优势，同时开始大规模进行对外直接投资，将生产转移到生产成本要素相对低廉的发展中国家或地区，以发挥和保持企业整体的技术优势，并维持其产品在国际竞争中的优势，当对外直接投资的产品开始大量返销企业母国市场时，表明该企业已经完成对外直接投资的全过程，该产品的生命周期也已经基本结束。

该理论较好地解释了美国企业对外直接投资行为及其区位选择，但对于当前国际上复杂的对外直接投资现象却无法解释。

2.2.2.3 内部化理论

1976 年，英国学者巴克利（P.J.Buckley）和卡森（M.C. Casson）提出了内部化理论，该理论基于美国经济学家科斯（R.H.Coase）的交易费用理论，并以西方国家跨国企业为研究对象，解释跨国企业对外直接投资的原因。

该理论认为，如果将企业所拥有的技术、商誉和生产过程中产品的零部件等通过外部市场交易，则企业往往不能够实现利润最大化，这是由于上述交易对象的市场是不完全的，这种不完全是因为存在市场失灵，以及交易对象具有的特殊性质所形成。因此，单一通过外部市场交易，往往不能够保证企业实现利润最大化的目标。为最大限度地实现利润，企业必须将外部市场实现内部化，在企业内部，利用一定的管理方式来协调资源的配置与中间产品的交换，可避免由于市场不完全的不利影响降低企业生产运营的效率，从而实现交易成本最小化。当企业开展市场内部化的活动跨越国界时，为了获得内部化给企业带来的全部优势及潜在的利益，就是其对外投资的出发点和根本目的。

当然，企业开展内部化的过程中，不仅会为企业带来利益，同时也会随着内部市场交易产生相应的成本。并且只有当内部化的边际成本等于或小于其带来的边际利润时，才会将外部市场的不完全作为其内部化的原因，而在这个内部化的过程中实现的对外投资，并非只是资本完成转移，而是企业内部管理与控制权代替外部市场机制，使企业成本得以降低，并实现内部化优势。

内部化理论解释了跨国企业为什么将知识产品等某些具有特殊性质的产品在内部交易的原因，也解释了为什么跨国企业要实现全产业链一体化的经营。但是不能很好地解释企业为什么到国外去投资以及如何进行区位分布，也不能回答为什么企业不是在国内投资实现内部化生产、然后出口国外，而是到国外去进行投资。

2.2.2.4 国际生产折中理论

英国经济学家约翰·邓宁（J.H.Dunning，1977）在其代表作《国际生产与跨国企业》中提出了通用性最强、也是解释能力最强的国际生产折中理论。他认为，一个国家的对外经济活动包含了这个国家的国际贸易、资产与货币交易和对外直接投资等诸多方面活动的总和，国际生产折中理论吸收、融汇了产业组织、厂商和区位理论等西方经济理论的思想，是一个集国际贸易、对外直接投资和非股权转让为一体的理论。基于该理论，企业开展对外直接投资必须具备所有权优势、内部化优势和区位优势。

所有权优势（Ownership advantages），是企业所拥有的，而东道国企业所不具备的优势，如研发技术、销售网络、品牌口碑以及融资能力、企业家才能等。所有权优势主要包括一定时期内企业所拥有的、具有排他性的无形资产优势及规模经济，它决定了企业所具有的对外投资能力。

内部化优势（Internalization advantages），是为化解市场不完全而带来的不利影响，诸如外部交易的不确定性及较高的成本等，使其不能保持和利用所具有的优势地位。企业把其具有的所有权优势加以内部化，进而可以避免外部市场不完全带来的不利影响，促使其形成对东道国企业的比较优势。内部化优势的实现途径：一是转让给外部的企业使用，二是本企业系统内部使用。而采取哪种途径要取决于能够企业所带来的利益大小。企业内部化优势的大小，决定着企业对外直接投资中采取怎样的形式以实现其所拥有的所有权优势。

区位优势（Location advantages），是企业在对外直接投资时区位选择上所具有的优势。根据区位优势的形成，可以分为直接和间接的区位优势。东道国的社会环境、经济发展水平、劳动力成本、矿产资源储量、基础设施、政府对外国投资政策、关税及非关税壁垒等方面的优势属于直接优势。同时企业进行对外直接投资还会受到历史、文化、民俗习惯、国际规则等因素的影响。间接区位优势则为投资母国相关因素的影响所形成。

区位优势是企业开展对外直接投资的前提和基础，在此基础上综合所有权优势和内部化优势，才能够做出该企业对外直接投资的有利决策，如表2-1所示。

表2-1　国际经济合作不同方式 OIL理论优势分析

优势 方式	所有权优势 O	内部化优势 I	区位优势 L
对外直接投资	有	有	有
出口贸易	有	有	无
无形资产转让	有	有	无

国际生产折中理论可以较好地解释企业选择出口贸易、无形资产转让、对外直接投资的原因，适用范围较广，也是应用较多的理论之一。总体说来该理论旨在解释企业为什么、在哪里开展对外直接投资。但是该理论把所有的对外直接投资都应具备 OIL 三个方面的优势的解释过于绝对化。当今新兴经济体的企业发展迅速，并进行大量对外直接投资，虽然该理论仍是当前运用最为广泛、解释力最强的理论，但在解释当今多变的国际经济环境和复杂的企业跨国投资合作行为的适用性时受到了一定的挑战。

2.2.2.5 比较优势理论

日本学者小岛清（Kiyoshi Kojima）为了解释日本企业对外直接投资的行为，提出了比较优势理论，他认为跨国企业进行对外直接投资的决定因素是企业的比较优势。

与垄断优势理论不同，比较优势理论调强企业开展对外直接投资时，选择在投资母国具有比较劣势的产业，将其投向能使该产业转化为具有潜在比较优势的东道国。比较优势理论以国际分工为基本的原则，以产业优劣比较作为企业对外直接投资区位选择的依据，该理论解释了两个发展水平差异较大国家或地区之间投资的现象，并适用于中小企业的对外直接投资。但该理论适用面较窄，只能解释少部分对外直接投资现象，无法解释目前多数国际的对外直接投资现象。

2.2.3 发展中国家的对外直接投资理论

传统对外直接投资理论，解释了跨国企业为什么进行对外直接投资，但是无法解释跨国企业优势的形成及运用，更不能解释当今国际投资中不断出现的新变化、新特征，因而在现实应用中有其局限性。相对于发达国家，以及在发展中国家之间相比较，跨国企业对外直接投资的动因、目的、特征等都存在着明显的差异。按照传统的对外直接投资理论分析，发展中国家企业没有进行对外直接投资的优势和实力，但现实情况是有不少企业已经走上了国际化经营的道路，并且有些企业取得了成功，因此通过实践探索和分析，形成了不同的理论对发展中国家各种投资行为进行解释，从某种意义上讲，这些理论实质上是对西方传统对外直接投资主流理论的补充和完善，有些也产生了比较大的影响，为研究发展中国家企业对外直接投资行为提供了一定的理论借鉴。

2.2.3.1 基于比较优势从静态层面拓展的理论

（1）小规模技术理论

美国经济学家刘易斯·威尔斯（Louis J. Wells，1977）提出小规模技术理论。他认为企业竞争优势是相对的，且主要是来自于企业生产的低成本，而这与投资国市场特征密切相关。小规模技术理论认为，发展中国家企业拥有的技术，就是其开展对外直接投资的所有权优势，将其具有的这种小规模生产技术与东道国生产环境相结合，能够在一定的细分市场上占有比较优势，较之于发达国家的企业，发展中国家的企业更适应东道国的某一细分市场需求，因而能够较好地体现自身的比较优势。小规模技术理论的缺点是它只是从静态层面进行的理论拓展，对于发展中国家诸如科技型企业的对外直接投资行为及其他投资现象难以进行合理的解释。

（2）技术地方化理论

英国经济学家拉奥（Sanjaya Lall，1983）提出技术地方化理论。他认为发展中国家企业对外直接投资的竞争优势相较于发达国家企业而言，具备小规模、劳动密集型以及相适应的市场营销技能、组织管理方式等特殊的竞争优势。同时，该理论还认为发展中国家企业具有对先进技术进行模仿、吸收、消化及改进的能力。技术地方化理论把发展中国家企业对外直接投资的研究引向了微观层次。

2.2.3.2 基于比较优势从动态层面拓展的理论

企业是处于一个不断发展的过程中，企业所处的产业环境和国际经济环境也是不断在发展和变化中，因此把比较优势放在这些动态的框架内讨论，更具有现实意义。

（1）技术创新升级与产业升级理论

英国学者坎特威尔（Cantwell，1989）和托伦蒂诺（Tolentino，1993）从技

术进步和技术积累的角度，通过分析技术创新内生性因素及其与企业对外开展投资的关联关系，提出了技术创新升级与产业升级理论。发达国家与发展中国家企业在这一方面表现出明显的差异性，发达国家的企业通过巨大的研发投入以保证它们所拥有的技术优势，而发展中国家的企业由于不具备强大的资金和科研实力，其技术创新主要通过模仿、引进和再创新来实现，并形成其国际竞争优势的基础，而这个过程也是一个不断变化的过程，当发展中国家企业的技术积累到一定程度时，会促进发展中国家实现相关产业的升级，并会引起企业对外直接投资的规模，及对产业分布和区位选择的变化。产业分布变化一般是从以自然资源为主发展为以出口导向为主，投资区位变化是先邻近国家开始逐步向远距离国家拓展，从其他发展中国家逐步进入发达国家。反过来，随着发展中国家企业国际化生产运营经验的积累，会促进其技术创新能力的提高。该理论能够较好地解释20世纪后期部分新兴经济体的对外投资现象，但由于该理论忽略了其他影响因素的作用。因此，其结论的正确性有待于进一步商榷。

（2）动态比较优势投资理论

日本学者小泽辉智（Ozawa，T.，1992）从一国宏观经济发展的视角出发将跨国企业对外直接投资对其母国经济增长的推动作用进行讨论，并认为应该将一国的对外直接投资作为该国经济发展战略规划的组成部分。随着时间推进，在一国不同的发展阶段，其对外直接投资也呈现阶梯形的发展，进而决定其对外直接投资的模式，即动态比较优势投资理论的核心观点。

该理论将发展中国家的对外直接投资过程分为四个阶段，对于发展中国家来说，每个阶段都蕴藏着发展赶超的机遇，并可据此调整对外投资的模式。第一个阶段是国际投资的输入阶段；第二个阶段是由国际投资的输入转变为输出的阶段；第三个阶段是国际投资输出由劳动密集型向技术密集型转变的阶段；第四个阶段是资本密集型产业资本输入和资本导向型对外投资交叉发展的阶段。此外，小泽辉智认为对外直接投资模式的确定应以能发挥投资母国的比较优势为基础，也就是强调了投资母国政府在其企业对外直接投资模式选择过程中发挥着重要的作用，以及不同发展阶段选择不同模式的重要性。

此外，英国经济学家约翰·邓宁在已有的 OIL 理论框架中加入时间变量作为第四维因素提出了投资发展周期理论，该理论结合国际投资合作形势不断变化，从动态的角度将投资母国不同的经济发展阶段与国内外企业的竞争优势联系起来进行解释。

2.2.3.3 中国学者的理论贡献

中国学者主要针对中国对外直接投资的现状和发展趋势进行实证分析，也有部分学者结合实际情况进行深入的研究，形成一定的理论研究成果。

（1）二阶段理论

吴彬、黄韬（1997）提出了二阶段理论。他们认为中国企业对外投资根据其在国际优势地位的不同存在两个阶段：第一个阶段是经验获得阶段，在投资母国大多数企业在国际竞争中处于劣势地位时，则其对外直接投资的首要目的是从东道国获得经验，企业的总体竞争能力得以不断提高，在国际竞争中也逐渐由处于劣势地位向优势地位转变。在合理时间里取得竞争的优势地位，企业就进入了第二个阶段，即利润攫取阶段。企业在国际竞争中所处的不同地位决定了其进行对外直接投资的行为，该理论解释了现实中一些企业对外直接投资现象，如为什么不具备任何优势的企业会进行对外直接投资，为什么有些企业对外直接投资没有盈利、甚至亏损时仍然会继续追加投资。企业对外直接投资一般会同时在两个或以上区位进行，当在某一东道国处于劣势地位而带来损失时，可以通过学习和经验积累使竞争能力改善，通过在另一市场处于优势地位实现盈利来实现企业总体经营业绩的提升。

（2）国家特定优势论

通过系统梳理有关中国对外直接投资的研究成果后我们发现，大部分已有的研究认为中国对外直接投资仍然处于初级阶段，且由于从投资额和大型投资项目情况看，中国国有企业占有对外直接投资较大的比例，中国政府的财政政策、政府间宏观层面的协调，为中国企业对外直接投资提供了一定的激励和支持。而不论是西方发达国家，还是发展中国家的对外直接投资理论，都难以合理和准确解释中国企业的对外直接投资行为。

企业竞争优势由企业特定优势和国家特定优势共同构成，中国企业对外直接投资可以分为企业对外投直接资的动因和条件、母国推动影响因素、东道国拉动影响因素这三个方面来理解其行为的特殊性，并将企业微观层面的特征融入宏观环境中进行分析，如图 2-1 所示。

宋泽楠、尹忠明（2013）经过研究得出同样的结论，即现有的对外直接投资理论将跨国企业作为研究的对象，认为其对外投资的优势来源于企业特定优势，而忽视了母国作为整体在企业对外投资中发挥出的影响与作用，他们认为企业母国和东道国都存在不同的国家特定优势。并针对中国企业对外直接投资行为的特殊性，通过资源内部化和市场内部化，阐述了国家特定优势转为企业特定优势的过程。

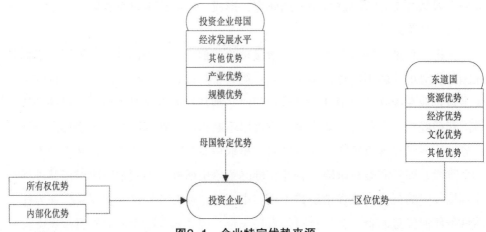

图2-1 企业特定优势来源

裴长洪和樊瑛（2010）观察到进行对外直接投资的中国企业既不具备企业竞争优势，也不是处于竞争优势的产业，而是处于正在形成国际竞争力的优势产业，要合理解释这一现象，必须与中国实施"走出去"的战略结合起来，并准确理解和把握中国长期经济快速发展的背景和政府在经济发展及企业投资行为中所起到的积极作用。因此，他们提出了在中国转型经济背景下"利用两种优势、开拓两个市场"，通过政府的政策导向和提供相应的服务，大幅度提升企业竞争优势，并最终形成企业利益与国家战略的融合。

此外，冼国明与杨锐（1998）从技术积累和竞争策略出发提出了技术积累与竞争策略模型；孙建中（2000）指出投资动机、差别优势和发展空间多元化体现出企业综合优势，进而提出了中国对外直接投资的综合优势理论；冯雁秋（2000）提出了五阶段周期理论；楚建波与胡罡（2003）提出了跨国投资门槛论等。

2.3 本章小结

本章主要分析了对外直接投资的相关文献综述和相关理论。围绕中国企业对外投资及区位选择的相关问题、中国对"一带一路"国家投资合作等问题既有文献进行研究，概括起来主要有三个方面的内容：一是对外直接投资区位选择的理论和研究趋势；二是从宏观的视角出发论证分析了各种因素对于中国企业对外直接投资区位选择的影响与作用；三是从企业的视角出发分析对外直接投资的动因与区位选择的决策。

对外直接投资理论分为发达国家对外直接投资理论和发展中国家的相关理论，本章分别做了介绍。

（1）发达国家的对外直接投资理论，都强调某一特定优势的重要性，有着重要的理论贡献和指导意义，但难以合理解释国际投资环境的变化和出现的新现象。为此，邓宁将企业合作能力纳入所有权优势范畴，并将制度因素也融入国际生产折中理论。

（2）发展中国家理论对发展中国家企业的投资实践更具理论指导和现实意义，但是由于各个发展中国家在资源环境、发展水平、宗教文化、法律制度、产业结构等多方面存在显著的差异，放在一个维度上来进行在分析和进行解释必然会有其局限性。

随着中国对外直接投资的不断增加，中国企业跨国生产经营业务的快速增长，其对外直接投资已对国内外经济发展形成重要影响。现阶段中国企业对外直接投资区位分布具有明显的非均衡性，由于中国企业技术水平的发展现状以及政策因素，目前对发达国家的直接投资占比较低，但在技术和市场寻求型投资方面呈现出较快的上升趋势。在"一带一路"倡议实施的背景下，中国企业"利用两种优势、开拓两个市场"，通过政府的政策导向和提供相应的服务，大幅度提升企业的国际竞争优势。

当前中国企业的对外投资主要分布于大中型能源行业企业和制造业企业，而并非是局限于小规模技术。而且大量统计数据表明，中国企业产品的出口是面向全球不同发达程度、不同消费水平的多层次、全方位的市场。因此，我们在分析中国企业的对外投资活动时，不能简单地套用上述理论，而是应针对中国及中国企业对外投资的实践，寻找和构建一个符合中国实际情况的理论分析框架，这也是本书试图进行的主要探索和解决的问题。

本章作为全文的理论基础，对于后续进行中国石油企业对外直接投资的机理分析、区位选择影响因素的实证分析和区位的选择都具有重要指导意义。

第3章 中国石油企业对外直接投资区位分布现状

3.1 中国石油企业对外投资实践及区位分布

从20世纪90年代起中国石油企业开始进行对外直接投资合作，经过几十年的发展，从无到有、从小到大、从弱到强，中国石油天然气集团有限公司、中国石油化工集团有限公司、中国海洋石油集团有限公司三大石油企业对外石油投资合作在不断向纵深扩大，已经对世界石油市场的格局产生重要的影响。根据郜志雄和朱占峰（2013）研究可知，1992—2001年期间以中国石油、中国石化、中海油三大石油公司对外直接投资项目数占到中国石油企业对外总投资项目的97%，2007—2011年期间占到90%左右，而在上游石油资源勘探开发和投资金额占比方面，其他企业所占份额就更少。

3.1.1 中国石油对外投资与区位分布

3.1.1.1 中国石油基本情况

1998年7月，在原中国石油天然气总公司基础上重新整合组建了中国石油天然气集团有限公司（简称中国石油），主要业务包括国内外油气资源勘探与开发、石油炼化、油气销售、管道储运、国际贸易、工程建设、油气田服务、装备制造、金融服务、新能源等，是业务领域涵盖产、炼、运、销、储、贸一体化的中国最大的综合性、国际化经营的能源公司。中国石油在2018年《财富》杂志全球500强排名中位居第四。中国石油在中国石油企业中处于绝对的领导地位，无论是企业规模、员工人数、资源储量、油气产量均占到半数以上，近年来财务和产量如表 3-1 所示。中国石油经过二十多年的努力，已成为国际上最有影响力的石油公司之一。

表3-1　中国石油财务和原油产量数据表

财务数据（人民币亿元）	2011年	2012年	2013年	2014年	2015年	2016年	2017年	2018年
营业收入	23813	26835	27593	27300	20168	18719	20159	23536
利润总额	1817	1839	1880	1734	825	507	677	1210
净利润	1305	1392	1408	1238	562	238	368	724
石油生产（万吨）	2011年	2012年	2013年	2014年	2015年	2016年	2017年	2018年
石油总产量	14927	15188	15981	16417	16657	16298	17134	17637
国内产量	10745	11033	11260	11367	11143	10515	10234	10102
海外权益产量	4182	4155	4721	5050	5514	5783	6900	7535

资料来源：http://www.cnpc.com.cn/。

3.1.1.2 中国石油对外直接投资实践

截至 2018 年底，中国石油在全球 34 多个国家开展油气投资项目 92 个，全年实现作业产量 17239 万吨油当量，获得权益产量 9818 万吨油当量，其中石油产量为 7534.9 万吨。中国石油对外投资合作的实际发展历程，可总结为三个发展阶段，即基础发展（1993—2008 年）、快速发展（2009—2014 年）和调整发展（2015 年到现在）三个阶段。

在基础发展阶段，中国石油海外业务从无到有、从小到大，逐步实现海外油气勘探开发项目的规模化、效益化。在这一阶段，主要是发挥中国石油经过长期积累所拥有的石油精细勘探和非常规油田资源开发技术，以及丰富管理经验的比较优势，突出低品位油田开发及提高采收率项目，在"大中型项目并举、一体化运作发展"战略指引下先后在秘鲁、加拿大、苏丹等国引入了一系列投资风险程度较低的项目，尤其是 1996 年中标苏丹 1/2/4 区块。1997 年成立了大尼罗河石油公司，中国石油控股 40%，开始开发苏丹南部油田，到 2000 年建成了 1000 万吨 / 年的生产能力，结束了苏丹石油进口的历史，苏丹成为中国石油对外直接投资项目的标杆，不仅极大地带动了当地的经济发展，而且在国际上树立了中国石油产业良好的口碑，培养了大批国际化人才，带动了中国石油装备、工程技术、油田开发服务等的出口，使更多国家、更多企业有意与中国石油企业开展合作，为今后扩大中国石油企业的国际空间起到了积极的作用。

在快速发展阶段，中国石油抓住国际金融危机和国际油价处于低位波动的投资并购时机，加大力度开展国际石油勘探开发投资合作，在国际石油市场成熟的格局内，获得了多个大型、特大型油气开发项目，其中包括伊拉克哈发亚、鲁迈拉在内的多个海外合作项目，加强了对中亚、拉丁美洲及俄罗斯的石油投资合作，国际业务开展的规模快速扩大。到2014年，中国石油海外石油权益产量突破5000万吨，达到5050万吨的高位。

在调整阶段，由于2014年出现的国际油价断崖式下跌，使各个石油企业经营业绩出现持续下滑，油气合作经营风险上升。2015年中国石油开始积极应对复杂的国际环境对海外投资项目产生的不确定性影响，坚持海外项目的效益开发，强化油田精细管理与生产组织，优化开发方案部署，推进重点产能建设，降低操作成本的应对措施取得成效，利润下降的幅度收窄、实现经营业绩逆势稳定增长。借助"一带一路"建设的推进，中国石油通过优化海外业务布局，不断深化和拓展油气领域的国际合作，提升高端资产比例、实现重点油气合作项目安全平稳运行、有序推进在建工程。中国石油先后与俄罗斯、委内瑞拉、秘鲁、莫桑比克、阿尔及利亚等国政府及其能源公司签署了多项合作协议及备忘录。

在拉美地区，先后与委内瑞拉国家石油公司签署《中国石油和委内瑞拉国家石油合作项目进展备忘录》，与秘鲁能源矿产部签署《中秘深化油气合作谅解备忘录》，进一步加强了与拉美地区各国的油气合作。

此外，中国石油还与法国道达尔集团签署战略合作框架协议。双方将在已有合作基础上，进一步拓展各领域合作，在地质研究、项目投资、工艺创新等方面开展合作的同时，加强在企业管理、文化创新、企业社会责任实践等方面的交流与合作，并继续加强与中亚国家和俄罗斯在石油领域的投资合作。

3.1.1.3 中国石油对外主要投资项目分布

中国石油对外主要投资项目如图3-1所示。

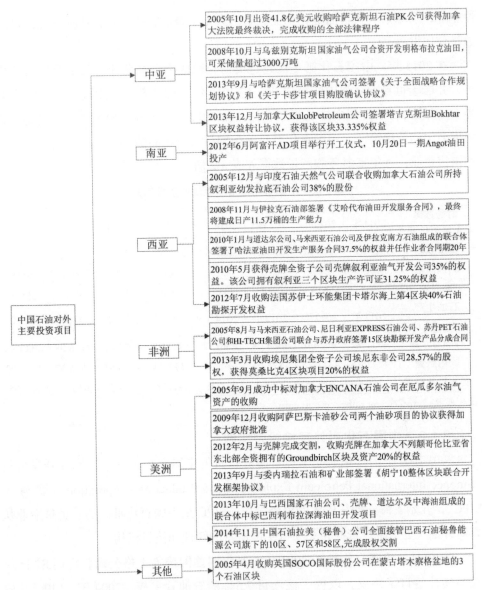

图3-1　中国石油对外主要石油投资项目分布

3.1.2 中国石化对外投资与区位分布

3.1.2.1 中国石化基本情况

1998年7月，在原中国石油化工总公司基础上重组成立的中国石油化工集团有限公司（简称中国石化），是中国三大油气生产商之一，也是中国第二大石油企业，全球第一大石油炼化企业、第二大化工企业，中国石化所拥有加油站的数量位居世界第二。

在 2015 年，中国石化第一次超过英荷壳牌成为全球营业收入最多的石油公司，并居于世界 500 强中的第二位。在 2018 年美国《石油情报周刊》公布的世界 50 家最大石油公司中排名第二十位，在 2017、2018 年《财富》杂志全球 500 强排名中均位居第三。中国石化是目前中国最大的成品油和石化产品生产、加工和销售企业，近年来财务和产量数据如表 3-2 所示。

表3-2　中国石化财务和原油产量数据表

财务数据 （人民币亿元）	2011年	2012年	2013年	2014年	2015年	2016年	2017年	2018年
营业收入	25057	27860	28803	28276	20204	19309	23602	28912
利润总额	1026	901	970	667	561	799	866	1005
净利润	705	619	667	432	289	297	456	596.3
石油生产 （万吨）	2011年	2012年	2013年	2014年	2015年	2016年	2017年	2018年
石油总产量	4531.42	4624.6	4684.64	5080.72	4922.05	4274.81	4136.08	4037.88
国内产量	4272.82	4318.25	4378.01	4378.47	4173.74	3565.51	3505.37	3483.93
海外权益产量	258.6	306.35	306.63	702.25	748.31	709.3	630.71	553.95

资料来源：http://www.sinopecgroup.com/。

3.1.2.2 中国石化对外直接投资实践

2001 年，中国石化成立了负责海外投资的中国石化国际石油勘探开发公司（Sinopec International Petroleum Exploration and Production Corporation，缩写为 SIPC），开始了海外油气资源的投资合作，SIPC 是中国石化唯一的、也是专业从事对外油气上下游投资与相关项目生产运营的管理和执行机构。

SIPC 对外投资合作始于 2001 年，当年同德国普鲁士格公司就也门 S2 区块权益转让签订了协议，取得了该项目 7.5% 的石油开采权。2004 年，SIPC 开始大力推进"走出去"战略，并于当年中标沙特东南部的鲁卜—哈利盆地；按照 8：2 的股份比例与沙特阿美石油公司组建了合作公司；收购了哈萨克斯坦中亚公司位于滨里海盆地两个区块权益转让项目；与巴西石油公司签订了合作协议。2006 年与俄罗斯 Rosneft 公司联合收购了东西伯利亚地区年产原油 600 万吨的乌德穆尔特石油公司。

2009—2012 年期间是中国石化海外业务发展的黄金时期，大量并购、投资项目在此期间完成，合计签约金额约 457 亿美元，完成并购共 23 宗，其中 2009 年 6 月，出资 75.6 亿美元整体并购 ADDAX 公司的交易，刷新了中国石油企业海外并购及各项投资交易的记录，并使 SIPC 海外控制的油气资源和产量得以大幅提升 30%，同时也获得了完整的近海油田开发技术和全套的专业人员队伍。SIPC 还以南美和北美地区为重点，接连实施了一系列的大型并购交易项目，到 2012 年底，中国石化的海外产量快速攀升至约 3000 万吨油气当量，其中石油产量 710 万吨。

　　2014 年国际石油市场开始出现大幅动荡，面对复杂的国际经营环境和严峻的安全形势，中国石化实行油价与投资联动机制，更加注重内涵式发展，发挥集团化、一体化优势，坚持"引进来"与"走出去"协调发展，积极稳妥发展国际化经营业务。在 2014、2015 年调整后，2016 年在埃及、阿根廷等国取得了 13 项商业发现，探井商业成功率达 68.4%，新增 2P[①] 储量 879 万吨油当量。伊朗、伊拉克新项目谈判取得进展，中标埃及 6 号、7 号勘探区块。伊朗雅达项目一期顺利达产，澳大利亚 AP LNG 项目第二条线建成投产，全年权益油气产量 4295 万吨油当量。同时为了应对低油价带来的不利影响，中国石化实施降本增效、优化投资管理，强化风险防控，全年累计投资下降 46%，生产成本降低 22 亿元、下降 9.8%，销售桶油现金操作成本降低 1.38 美元、下降 10 .1%。中国石化积极推进资产结构优化，妥善处置低效无效资产，提高抗风险能力，仅北海资产剥离增加现金流 6607 万元。

　　截至 2018 年底，SIPC 在全球 26 个国家和地区执行 49 个油气资源投资项目，主要分布在世界主要石油资源富集区，已初步形成非洲、南美、中东、亚太、俄罗斯—中亚、北美六大油气生产区。其中在"一带一路"沿线共 10 个国家从事油气勘探开发生产业务，涉及项目 17 个，涵盖俄罗斯、中亚、东南亚、中东和北非，累计投资 205 亿美元。

3.1.2.3 中国石化对外主要石油投资项目分布

中国石化对外主要石油投资项目分布如图 3-2 所示。

---

① 石油储量分 P1、P2、P3 三个级别，分别表示证实储量、概算储量和潜在储量。1P=P1；2P=P1+P2；3P=P1+P2+P3。

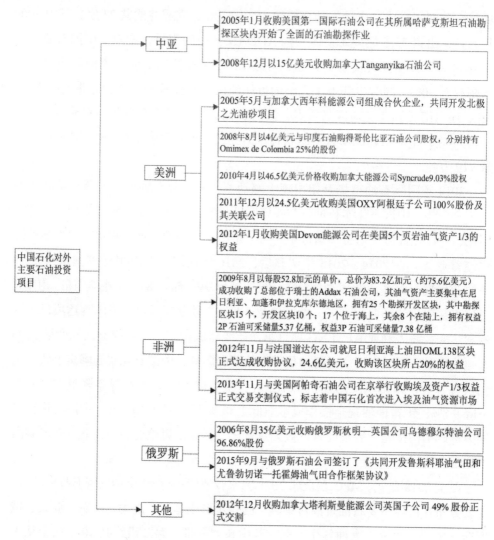

图3-2　中国石化对外主要石油投资项目分布

3.1.3 中海油对外投资与区位分布

3.1.3.1 中海油基本情况

1982 年 2 月 15 日，中国海洋石油集团有限公司（简称中海油）在北京正式成立。中海油从成立之初就与国外各大石油公司开展广泛的合作，从"引进来"到"走出去"历经数十年发展，中海油已成为具有海上油气勘探开发、石油炼化、储运销售、工程技术等全产业链，业务遍及全球 40 多个国家和地区的特大型能源企业集团，是中国三大油气生产商之一，也是中国最大的海上油气生产商。

在2018年《石油情报周刊》颁布的世界最大50家石油公司综合排名中，中海油位列第32位，在2018年《财富》杂志世界500强企业排名中位列第87位。2012年5月9日我国自主设计建造的首台3000米深水钻井平台"海洋石油981"在南海东部海域成功开钻，成为中国石油工业成功进入深海的最大战略标志。2015年2月7日"海洋石油981"深水钻井平台承钻的第一口海外深水探井在缅甸安达曼海开钻，10月2日由其承钻的中国首口超深水井陵水18-1-1井的成功作业表明，中海油具有在深海钻井和测试全套能力。中海油在中国三大石油企业中规模最小，但是由于海上油气勘探开发的特殊性，其设备、技术和工程服务水平的要求最高，拥有特殊工况下的作业设备和系列技术，这也是中海油进行对外石油投资合作开发的"撒手锏"。中海油近年来财务和产量数据如表3-3所示。

表3-3　中海油财务和原油产量数据表

财务数据（人民币亿元）	2011年	2012年	2013年	2014年	2015年	2016年	2017年	2018年
营业收入	2409.44	2476.21	5858.57	2746.34	1714.37	1464.9	1863.9	2269.63
利润总额	825.65	901.72	808.51	825.13	171.3	-52.75	363.57	802.39
净利润	702.55	636.91	564.61	601.99	202.46	6.37	246.77	596.3
石油生产（万吨）	2011年	2012年	2013年	2014年	2015年	2016年	2017年	2018年
石油总产量	4661	5186	6685	6868	7970	7697	7551	7406
国内产量	3895	3857	3939	3964	4773	4555	4278	4201
海外权益产量	766	1329	2746	2904	3197	3142	3273	3205

资料来源：http://www.cnooc.com.cn/。

3.1.3.2 中海油对外直接投资实践

1994年中海油在国家"走出去"的战略实施下，开始拓展海外业务，投资1600万美元收购了印尼马六甲油田32.58%权益，次年又投入295万美元收购了该油田6.93%的权益，可获得份额石油每年约为40万吨，后专注于"引进来"开发我国海域石油资源。直到2002年中海油又开始向外拓展，当年以5.8亿美元收购了西班牙瑞普索公司在印尼五大油田的部分权益，2003年又收购了澳大利亚西北大陆架天然气项目上游产量及储量55.6%的权益。

2005年，中海油对外投资合作进入发展快车道，其下属的中海油服与印尼CNOOC SES LTD订立一项合同金额约达9836万美元的修井服务综合合同。之后中海油凭借石油开采的技术优势，先后通过多种方式参与马来西亚、澳大利亚、英国、美国、赤道几内亚、菲律宾、伊拉克等国家石油开发项目，同时发挥设备和技术优势签署了多项石油技术和工程服务合同。2012年中海油以每股27.50美元和26加元的价格，总价约为151亿美元收购了加拿大尼克森公司所有流通中的普通股和优先股，刷新了中国企业对外投资收购的纪录。

中海油在中国三大石油企业中是国际化程度最高、海外业务占比最高的企业，中海油下属的海油工程近年来运营俄罗斯亚马尔（Yamal）、缅甸Zawtika、巴西FPSO等在内的7个重要国际项目。其中俄罗斯亚马尔项目创造了3800万工时安全无事故的佳绩；缅甸Zawtika 1B项目实现提前投产，赢得了外方业主的高度赞誉；巴西FPSO项目完成了航程约11800海里的超长距离国际拖航作业。

中海油发展也基本完成海外市场布局，海外系统外收入占比海外总收入的54%。目前，中海油在海外设立了13家控股子公司，业务涉及20多个国家，并形成了一套相对完善、有效的海外内控管理制度体系。2016年，中海油实现两个突破，一是大型船舶板块在东南亚市场实现新突破，该项目运行顺利；二是新加坡公司在物流服务业务实现新突破，为进一步发展物流业奠定良好的基础。

中海油高度重视海外业务的稳健经营，不断优化海外业务管理体制机制，在极其严峻的市场环境中仍然保持了良好的经营业绩，在多个地区市场取得新突破，近两年来加强同阿布扎比国家石油公司合作，获得巴西Buzios油田5%权益，参与建设了尼日利亚海域OML130区块Egina油田等多个上游项目。中海油通过不断加强软实力建设，平稳提升海外业务管理水平，2016年海外原油产量达到3142万吨、2017年达到3273万吨的高值，其海外资产占比也达到了34.4%，占比为中国三大石油企业最高。

3.1.3.3 对外主要石油投资项目

中海油对外主要石油投资项目分布如图3-3所示。

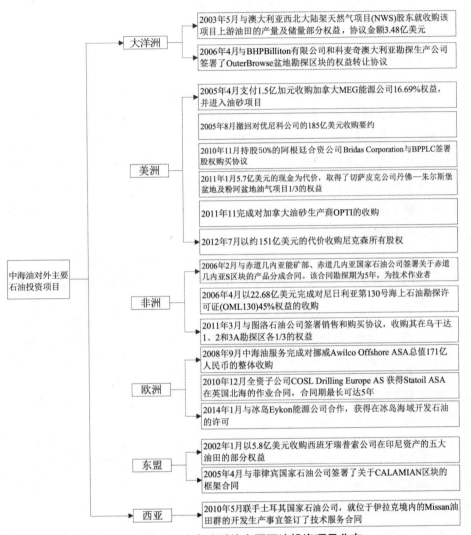

图3-3　中海油对外主要石油投资项目分布

3.2 中国石油企业对"一带一路"沿线国家投资现状及区位分布特征

3.2.1 现状分析

3.2.1.1 中国与"一带一路"沿线国家石油贸易增加迅速

中国经济的快速发展，使我国石油消费量也处于不断上升的过程，近年来随着产业结构的调整和升级，这种增长速度已经趋缓，中国石油消费增量以较以往有所降低，但由于石油消费基数巨大，2018年中国对外石油依存度达到69.8%的历史新高，全年石油净进口量达到了4.4亿吨，中国进口石油总量中约70%来自"一带一路"国家，近年来中国从"一带一路"沿线主要石油生产国的进口石油占比如表3-4所示。

表3-4　中国从"一带一路"沿线主要产油国进口石油占总进口的比重

年度	哈萨克斯坦	俄罗斯	沙特	阿联酋	阿曼	伊朗	科威特	伊拉克	也门
2010	1.81	10.6	15.9	3.71	9.25	8.5	3.06	9.4	0.72
2011	1.86	10.69	16.02	3.72	9.56	8.6	2.98	8.5	0.8
2012	1.83	10.72	15.8	3.75	9.45	8.8	3.42	8.95	0.73
2013	1.84	10.74	16.05	3.78	9.6	8.86	3.21	9.21	0.85
2014	1.84	10.74	16.11	3.78	9.65	8.91	3.44	9.27	0.81
2015	1.85	10.9	16.8	4.02	9.8	9.2	3.45	9.15	0.82
2016	1.85	10.9	16.8	4.02	9.8	9.2	3.45	9.15	0.82
2017	0.6	14.2	12.4	2.42	7.38	7.42	4.34	8.78	0.37
2018	0.5	15.48	12.28	2.64	7.12	6.34	5.03	9.75	0.27

资料来源：中国统计年鉴。

随着中国海外石油合作项目及石油进口量的大量增加，中国在世界石油市场上的影响力从无到有、从小到大，并在逐步改变世界石油市场原有的秩序，推动着世界石油市场多极化的形成。

3.2.1.2 "一带一路"沿线国家在中国对外石油投资中的重要地位

2018年，世界经济仍处于低速增长期，受油价持续低迷影响，全球上游投资连续两年下降，技术服务市场大幅萎缩，油气发现数量继续减少。2018年，中国石油消费增速趋缓，全年石油表观消费量约为6.25亿吨。

"一带一路"倡议的实施中,大量中国企业借力国家政策红利,对外进行投资、合作,并通过项目、贸易等具体的载体展现出来,不断推进中国与"一带一路"沿线国家开展产能国际合作,"一带一路"倡议的实施也将进一步推动中国石油企业的对外石油投资合作,能源资源合作是"一带一路"建设的优先方向,以石油投资合作为切入点,促进中国石油企业国际化发展战略的实施,中国石油企业将继续以更开放的姿态融入世界石油市场,不断加大对海外油气资源的投资,加强合作开发,为保障国家能源安全供给、增加石油供应发挥出更大的作用。2018年末,中国在"一带一路"沿线国家(地区)设立境外企业超过1万家,投资存量达到1727.7亿美元。与中国对外投资的总量相比,依然还有较大的增加空间。在国际油价企稳回升的条件下,中国三大石油企业采取积极的措施,调整对外投资发展战略,从资源获取型投资转变为战略型投资,从企业全球化发展视角出发,集中资源、发挥优势、着重加强与"一带一路"主要石油资源国开展投资合作。

3.2.2 区位分布特征

以中国石油、中国石化、中海油为主的中国石油企业已在全球50多个国家拥有200多个油气投资合作项目。其中,中国石油的海外投资项目主要集中在哈萨克斯坦、加拿大、俄罗斯、乌兹别克斯坦、伊拉克和伊朗等国家,中国石化的海外投资项目主要分布在沙特阿拉伯、伊朗、加拿大、澳大利亚等国家,中海油的海外投资项目主要分布在缅甸、印度尼西亚、澳大利亚等国家。其中,"一带一路"沿线的俄罗斯、中亚和中东地区是我国重要石油投资目的地和进口来源地。无论是投资规模、投资项目数量、海外石油产量和国际影响力,中国石油都占据主导地位。中国三大石油企业2018年海外汽油权益产量如图3-4所示。

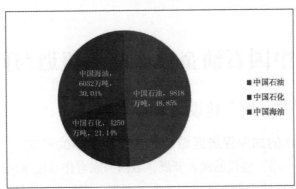

图3-4　中国三大石油企业2018年海外汽油权益产量

3.2.2.1 中国石油区位分布

中国石油在"一带一路"沿线的 19 个国家一共有 91 个油气投资合作项目，投资金额占中国石油对外总投资额的 63%。获得的权益产量占海外总权益产量的 77%。中俄原油管道、中哈原油管道等一批重点油气战略通道的相继建成投产，推进了中国石油进口来源和通道多元化，增强了国内石油的供给能力。

3.2.2.2 中国石化区位分布

中国石化已累计投入近千亿美元在"一带一路"沿线国家开展油气资源勘探开发，并涉及石油上下游合作项目的工程技术服务，以及石油、石化装备设备，在石油石化产品的贸易等领域也与沿线国家开展了大量的合作。中国石化发挥工程技术和装备制造领域的优势，向"一带一路"域内 20 多个国家提供钻井、测井、物探、地面工程等相关专业的石油工程服务，并带动了石油石化、钻探及技术检测设备及相关材料的出口。

3.2.2.3 中海油区位分布

中海油以效益为导向、以资源和市场为基础、以全方位合作为引领，以做强做优海外油气投资和贸易业务为重点，将业务布局与国家"一带一路"倡议相契合，构筑连接印度洋—中东—非洲—欧洲的海上生态安全走廊。迄今为止，中海油的业务足迹深入 30 余个国家和地区，并在油气勘探开发、专业技术服务、液化天然气储运等多个领域建立合作共赢关系。近五年，中海油国际化经营硕果累累。中海油工程建造业务也厚积薄发，不断打入国际高端市场。中海油工程公司在印度尼西亚等许多国家有项目在实施，获得缅甸 Za-wtika1B 项目的总包合同，同时，成功竞标俄罗斯亚马尔（Yamal）液化天然气项目，总承包金额达 101.09 亿元。

3.3 中国石油企业面临的机遇与问题

3.3.1 "一带一路"建设带来的机遇

3.3.1.1 合作的加深促进区域能源合作新机制的形成

随着"一带一路"建设的深入开展，域内国家合作意愿越来越强，中国已经有近 50 家中央直属的大型企业通过参与、参股、投资等方式与"一带一路"沿线国家的企业合作。中国对"一带一路"沿线国家的直接投资平稳增长，2013 — 2018 年，中国企业对沿线国家直接投资超过 900 亿美元，其中在能源合作方面，中央直属企业在"一带一路"沿线 20 个资源国投资建设了 60 多个油气合作项目。而"一带一路"范围内的俄罗斯、哈萨克斯坦、伊朗、伊拉克、沙特阿拉伯等国家都是世界上主要的石油生产和出口国，已探明石油储量为 2512 亿吨，占世界已探明石油储量的 60%，年石油生产量为 24.1 亿吨，占全球石油产量的 58%，同时也包括中国、印度等在内的主要石油进口国。"一带一路"倡议的实施给沿线国家间投资、贸易带来便利化，形成了一个互惠共赢的合作平台，能源合作是这个合作平台的重要组成部分。中国石油企业的"走出去"战略始于 1993 年，2018 年三大中国石油企业海外石油权益产量达到 1.6 亿吨，虽然已经取得长足的发展，但世界石油储量丰富地区的石油资源开采权一直被西方国家的大型跨国石油公司控制着，通过"一带一路"建设，域内国家加强能源合作，有望形成以中国为主导的区域能源合作新机制，扩大中国与沿线国家在国际石油市场上的地位，进一步拓展中国石油企业开展国际合作空间，通过国家直接的战略对接和沟通，可以减少中国石油企业在沿线相关地区进行石油投资的阻力，提升中国对世界石油市场的影响力和进入沿线国家石油资源富集区开展石油开发生产的投资。

3.3.1.2 国际油价的低位波动带来投资机会

在国际石油价格高位运行和石油勘探开发水平不断提高以及国际石油市场日益全球化的背景下，世界各主要石油生产国为了扩大市场份额和对国际石油市场的影响力，全球石油勘探投入在一段时间内大幅增加，世界石油供给总量持续走高，而全球的石油需求量也随着近年来世界经济预期增长率的下调，呈现出增速趋缓的态势。加之美国对其页岩油气资源进行大规模商业化开发，使其从全球最大石油进口国转变为能源出口国，使世界石油供给超过了需求，对国际石油供需格局产生深远的影响。从 2014 年 6 月开始，国际石油价格出现断崖式下跌，石油出口国收入锐减，经济发展陷入停滞。对石油期货投资收益的不确定性随着石油价格的波动幅度的变大而成倍增加，使得国际投资资本出于其趋利性而进一步推动了国际石油价格的波动。在国际油价持续低位运行的影响下，各大石油企业盈利普遍大幅减少，国际市场上各种石油资产并购、剥离、出售的机会不断增多。对于海外石油资源的获取和控制是中国石油企业对外投资的动因，国际石油价格持续低位波动，为中国石油企业优化资产结构，进行海外项目投资提供了机遇。

3.3.1.3 经济发展政策助推石油企业"走出去"

在经济新常态发展阶段，产业转型升级、国内市场的竞争日趋激烈、产能过剩的转移形成了中国企业"走出去"的推力。随着中国与世界经济融合度的不断提高、世界格局的不断调整、中国在经济发展模式上创造的奇迹，以及人民币国际化、"一带一路"建设、亚洲投资银行成立、亚太自贸区建设等一系列战略举措形成了中国企业"走出去"的引力。随着政府对企业投资行政审批的简化、通关效率的提升及中国对科研投入的快速增加，中国企业有手段、有动力也有意愿去开拓国际市场。国家税务总局出台了多项措施服务"一带一路"，丝路基金、亚投行等为中国企业与沿线国家的合作提供了多元的融资配套服务。在"一带一路"背景下，加强中国对外石油投资合作，可以站在一个更宽的视野、更大的市场去思考中国石油企业的国际化发展战略。为中国石油企业的"走出去"中提供了更为广阔的空间。

3.3.1.4 沿线国家经济的发展借力于对外石油合作

"一带一路"沿线主要石油生产国的经济发展对于石油产业有着很高的依赖性，也需要可靠的、稳定的石油合作伙伴，以维持其石油出口、提升油气开发技术水平、扩大石油产业规模。根据俄罗斯联邦海关服务局的统计数据显示，在2013年俄罗斯油气出口就已经占其外贸总收入的68%。中东大部分国家也是以石油为主的单一经济结构，虽然沿线国家有着丰富的石油资源，但大部分国家的发展水平不高，而中国及中国石油企业则拥有石油全产业链的技术、石油装备研发和生产供应能力及进行对外投资的能力。通过与沿线石油生产国的合作，输出石油开发技术、管理、资本，帮助其提高石油采收率、控制勘探开发成本，提高石油开发生产能力，实现"互利多赢"。

3.3.2 中国石油企业需要面对的问题

3.3.2.1 大国博弈对区域能源合作的影响

中东地区是亚、欧、非洲交汇的重要交通贸易通道，加之该地区又是世界的"储油池"，出于对石油资源的控制，全球主要大国、各种国际势力一直以来进行着激烈的博弈；苏联解体后，中亚地区一度出现了主导地区事务力量的"真空期"，美国、俄罗斯、日本及印度等世界主要大国及欧盟实施了力图加大对该地区事务影响力的战略举措，美国为了削减俄罗斯、中国在该地区的影响力，控制该地区丰富的油气矿产资源，提出的"新丝绸之路"计划。而俄罗斯则一直认为中亚是其传统大后方，为了维护和加强其该对地区的影响力，在2011年提出了"欧亚经济联盟"计划，近年来中东乱局中有美国、俄罗斯、北约、阿盟等多种势力介入干预，并引发了局部战争和叙利亚、也门的内战，对"一带一路"倡议在该地区的实施形成一定的负面作用。然而"一带一路"倡议中的能源合作需要中俄互利共赢、避免恶性竞争，随着中俄两国不断加深互利、友好、合作关系，中俄已在石油能源领域实施了一系列的重大合作项目。

3.3.2.2 多重因素导致投资风险较大

随着中国企业加快了"走出去"的步伐，中国与世界经济的融合度不断提高，但由于中国企业国际化运营能力和经验的不足，以及中国石油企业的国有属性，会引起国际敌对势力的诋毁和阻碍，加之近年世界各国经济发展普遍缓慢、国际贸易保护开始盛行，对中国石油企业的正常投资合作带来不利的影响；"一带一路"沿线部分国家复杂的地缘政治关系，加上国家内部、区域国家之间的民族矛盾和宗教问题非常突出，社会政治的不稳定性导致其政府政策的不连续性，增大了中国石油企业对有关国家石油投资的不确定性因素；当前国际石油价格长期持续处于低位波动，对"一带一路"沿线石油生产国的经济造成了较大的冲击，加之部分沿线国家基础设施薄弱、社会经济发展水平滞后，社会治理水平较低，导致投资风险较大。

3.3.2.3 石油资源及企业自身能力的限制

全球石油资源分布极为不均衡，加之国际石油工业发展逾百年的前提下，"一带一路"沿线国家石油生产国的石油资源富集区域和品位较好的区块大部分已经被发达经济体的大型跨国石油企业和资源国的国家石油公司所控制。中国石油企业作为国际石油市场上的后来者，面对的是更为复杂和困难的外部环境。由于按照国际上常规的做法，"一带一路"沿线国家一般是将其国家石油公司选择以后留下的地质条件复杂、储量品位较差的区块拿出来进行国际招标合作。这些推出来的招标石油区块通常是储量探明程度低、开发难度大、地面地质条件复杂、施工和技术要求高、预期经济收益较差的区块。而且近年来包括哈萨克斯坦、土库曼斯坦等国家对国际石油合作条款的要求越来越苛刻，国际油气合作政策也在不断收紧，现有对外石油投资项目的日常生产协调和运营管理难度也在不断增大。国际上现有通行的外国企业投资合作石油开发项目的合作模式和合同内容也依据西方大型独立石油企业的做法，且中国石油企业国际化专业人才和企业全球资源整合能力还难以满足对外投资实践所需，这将会影响到中国石油企业在面对复杂国际环境中的投资决策和风险应对、处置能力。

3.3.2.4 国际石油公司之间的竞争

由于石油拥有经济属性、政治属性和金属属性的特点，是一种重要的战略资源。国际近现代史上众多的重要历史事件的发生都直接或间接起源于大国之间争夺石油资源的控制权。在当代国际关系中，石油也常常被用作处理国际经济与外交关系的重要手段和砝码。中国石油企业从 1993 年才逐步开始进行海外投资，进入跨国石油的生产、加工、销售等领域。随着中国经济的发展，中国石油企业国际化进程也不断加快，经过近 30 年的追赶发展，中国石油、中国石化、中海油都已经进入全球 500 强并占据着靠前的位置，中国石油和中国石化不论是企业规模还是企业总体实力也都是国际同行业的翘楚。但我们要认识到，与西方国家的大型独立石油企业不同之处是中国石油企业的生产和市场主要还是依托于国内，而西方国家的大型独立石油企业在长期的国际运营中积累了丰富的跨国经营管理经验和大量的专业人才，同时在国际石油合作规则、石油行业标准的制定和应用等方面也具有比较优势。在国际石油产业格局夹缝中不断成长起来的中国石油企业，虽已取得一定的成效，具备了一定基础，但在进一步的发展过程中，势必会引起世界石油格局的改变，在与其他国家大型跨国石油企业、主要国家石油公司开展合作的同时，也将会面临更为激烈的竞争。

3.4 国际主要石油公司对外投资区位分析

由于石油市场具有国际一体化的属性，大型石油公司要想取得生存和发展，必须要在全球范围内进行战略规划和发展运营，中国石油企业国际化经营战略的实施是企业发展的必然过程，研究国外石油企业对外投资合作的实践及区位布局，可以为中国石油企业的对外投资及区位选择可以提供一定的经验借鉴。

3.4.1 区位布局分析

3.4.1.1 国际大型独立石油企业

（1）雪佛龙公司（Chevron）

雪佛龙公司始建于 1879 年，总部位于美国加利福尼亚州，是全球领先的一体化能源公司。1932 年，在开始海外寻油 10 多年后，在中东地区获得油气发现。在沙特获得了 60 年的勘探权，并成立了加利福尼亚阿拉伯标准石油公司（Casoc），该公司后来成为全球最大的石油企业——阿美石油公司。为了开拓并利用中东原油的海外市场，1936 年与德士古公司合资成立了加利福尼亚得克萨斯石油公司（即加德士公司，Caltex），取得迅速发展，第二次世界大战后业务已遍布 60 多个国家和地区。

油气勘探开发一直是雪佛龙公司投资的重点业务领域，长期以来占其资本支出的大部分，其中在美国以外的支出又占到 70% 的份额。雪佛龙公司投资进行油气勘探开发项目作业的主要国家如表 3-5 所示。

表3-5　雪佛龙公司上游业务分布区域

地区	分部国家	储量
非洲	尼日利亚、安哥拉、刚果(金)、刚果(布)、乍得	石油储量1.74亿吨,占其全球储量的16%
亚太	印度尼西亚、澳大利亚、菲律宾、中国、泰国、柬埔寨、孟加拉国、巴布亚新几内亚	石油储量1.64亿吨
美洲	加拿大、巴西、阿根廷、委内瑞拉、特立尼达和多巴哥、哥伦比亚	
欧洲	丹麦、格陵兰岛、荷兰、波兰、挪威、英国	

资料来源：http://www.chevronchina.com/。

（2）壳牌集团（Shell）

壳牌集团是世界上经营最成功的石油企业，拥有完整的石油石化全产业链，也是全球石油勘探开发技术和企业管理最先进的大型跨国石油企业。壳牌集团的业务遍及 145 个国家和地区，其油气勘探开发业务分布在 40 多个国家和地区。壳牌集团的油气储量为 16.33 亿吨油当量，年油气产量约为 16570 万吨油当量。壳牌拥有两个全球最先进的油气勘探和生产开发业务研究中心，分别位于荷兰莱斯维克和美国休斯敦，其研究的重点包括井下作业技术、地面设施设备和油气田开发综合规划等。壳牌勘探开发的主要研究重点是非常规的陆上和海上（包括水下）石油生产专用设施。

壳牌从 21 世纪初开始，主要利用国际油价大幅波动带来石油资产的收购机会，对位于加拿大、美国、南美国家的石油资产进行并购，但是由于 2014 年出现的国际油价大幅下跌，造成其油气业务的巨额亏损，近几年壳牌大幅削减对上游的投资，剥离非常规油气资产。壳牌在世界油气勘探开发业务分布如表 3-6

所示。

表3-6 壳牌集团上游业务分布区域

地区	分部国家	储量占比
非洲	安哥拉、喀麦隆、加蓬、尼日利亚、摩洛哥、索马里、坦桑尼亚、突尼斯、多哥、加纳、利比亚、南非、阿尔及利亚等	7%
亚太	澳大利亚、孟加拉、文莱、中国、马来西亚、新西兰、巴基斯坦、菲律宾、泰国	13%
美洲	阿根廷、巴西、加拿大、特立尼达和多巴哥、美国和委内瑞拉	9%
欧洲	丹麦、德国、爱尔兰、意大利、荷兰、挪威、英国、乌克兰等	30%
中东、俄罗斯和中亚地区	阿联酋、阿塞拜疆、埃及、伊朗、哈萨克斯坦、阿曼、巴基斯坦、卡塔尔、俄罗斯、沙特及叙利亚等	29%

资料来源：https://www.shell.com.cn/。

3.4.1.2 新兴石油企业

（1）新日本石油公司

新日本石油公司所有的油气勘探开发活动全部由其全资子公司新日本石油勘探有限公司（NOEX）投资和管理。新日本石油的上游业务分布在10个国家：澳大利亚、加拿大、印度尼西亚、日本、马来西亚、缅甸、巴布亚新几内亚、英国、美国和越南，共拥有12个勘探与生产开发项目，如表3-7所示。公司在马来西亚、美国和越南项目中是运营商。目前，在美国墨西哥湾、加拿大、巴布亚新几内亚、越南、马来西亚、缅甸和英国北海拥有生产区块；在澳大利亚拥有开发区块；在日本和印度尼西亚拥有勘探区块。

表3-7 新日本石油公司主要油气生产项目

国家/公司	油气田	持股比例(%)
越南/旧越石油有限公司	Rang Dong	53.13
英国/NOC勘探有限公司	Andrew、Mungo、Monan、Pierce	3.48~1.18
英国/新日本石油勘探与开发(英国)有限公司	Magnus、Brae	4.0~7.9
美国/新日本石油勘探(美国)公司	OrchardNort、Pordham、Virgo、Aconcagua、其他	6.14~50.00
加拿大/OCAL能源公司	合成原油项目	5
巴布亚新几内亚/日巴石油公司	Kutubu、Moran、Gobe	6.78~12.50
缅甸/新日本石油勘探(缅甸)有限公司	Yetagun	19
马来西亚/新日本石油勘探(马来西亚)公司	Helang	30.11

新日本石油能源集团网站：www/noe.jx-group.co.jp/。

（2）印度石油天然气公司

印度石油天然气公司（Oil and Natural Gas Corporation，简称ONGC）的前身为印度石油天然气委员会。其全资子公司ONGC Videsh Ltd.公司（OVL）是印度最大的跨国能源公司，参与了17个国家的36个油气项目。印度与中国同为世界上人口众多的发展中国家，作为高速增长的新兴经济体，印度和中国一样要面对日益扩大的国内能源缺口。2016年印度对外石油依存度达到80.9%，为了解决其石油需求的缺口，印度石油天然气公司作为国家石油公司自然而然承担起了开拓海外能源市场、确保国内能源供应稳定的职能。

近年来，印度石油天然气公司及其子公司ONGC Videsh Ltd.的油气资产项目已经遍及俄罗斯、非洲、南美洲、东南亚及中东等油气资源富集地区，并且还将继续增加在俄罗斯、苏丹、安哥拉、越南、缅甸等国以及西非石油生产输出国的投资，2000年以来，印度石油天然气公司海外主要石油投资项目如表3-8所示。

表3-8　印度石油天然气公司海外主要投资项目

时间	投资项目
2001年	在俄罗斯萨哈林油田投资17亿美元
2002年	出资7.5亿美元收购加拿大TalismMan Energy所持有的苏丹大尼罗石油项目25%的股份
2004年	出资6亿多美元收购壳牌在安哥拉一处油田50%的股份
2004年	出资1.15亿美元收购奥地利OMV公司在苏丹两处勘探区块的股份
2005年	成功竞购加拿大石油公司在叙利亚幼发拉底石油公司38%的股权
2005年	与伊朗达成协议，帮助伊朗建设两个油田和一个天然气田为条件获得450万吨/年石油的回报
2008年	与厄瓜多尔国家石油公司达成石油项目的合作
2009年	竞标委内瑞拉3个油田
2014年	和印度石油有限公司联合获得莫桑比克Ruvua AARA-1海上区块10%的股份
2014年	与壳牌合作在巴西BC-1获得35%的股份
2017年	获得俄罗斯万科诺夫15%的股份

印度石油天然气公司计划到 2020 年将海外生产的权益油气年产量提高到 2000 万吨油当量，到 2025 年实现境外权益油气产量 6000 万吨当量。为此，印度将会进一步加大海外投资力度，其历年产量如表 3-9 所示。其海外分国别产量占比如图 3-5 所示。

表3-9 印度石油天然气公司产量统计表

年度	2010	2011	2012	2013	2014	2015	2016	2017	2018
石油总产量	3350.5	3768.5	3808.6	3786.2	3778.8	3746.1	3695	3600.8	3568.4
国内产量	1182.2	1643.1	1802.5	1944.1	1958.4	1853.8	1786.1	1758.7	1754
海外产量	2168.3	2125.4	2006.1	1842.1	1820.4	1892.3	1908.9	1842.1	1814.4

数据来源：https://www.ongcindia.com。

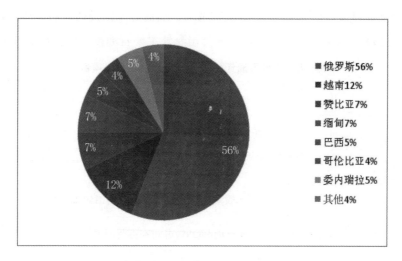

图3-5 印度石油天然气公司海外产量分布占比

3.4.2 主要做法与经验借鉴

3.4.2.1 国际大型独立石油公司的主要做法

（1）重视长期利益，突出上游业务投资

具体体现在其对外直接投资及区位选择以获得石油资源为首要目标，并根据国际石油价格的变动和资源国投资环境的变化，来调整其投资方向和投资区位。

（2）重视投资组合的多样化，加大传统区域外投资

为了实现风险与收益的平衡，在投资区位选择方面会根据地域分布、不同资源条件、投产时间等方面达到一定的平衡，做到长期投资与短期投资项目的结合，

巩固了长期发展的资源基础。

（3）把握国际石油市场投资窗口期的机会，实施动态投资策略

中国石油企业应当借鉴国际大型独立石油企业的做法，在国际化经营战略中根据国际石油市场变化，通过实施动态化的投资策略、资源开发和资产交易并重、保留优质核心资产，做到提升上游业务发展的质量和效益。

3.4.2.2 日本对外石油投资的做法与不足

（1）主要做法

为了维持和实现石油进口渠道多元化，日本的石油国际投资合作采取了多种措施，在较短的时期内日本石油企业获取国外油气资源和建立石油储备方面取得了一定的成效。日本企业获得的海外份额油也已经占到总进口量的 20% 左右，而日本的石油储备也已达到 160 天的进口量，位居世界第一。

一是日本为了确保能源安全，建立了高效完备的石油储备体系，组织运行机制也相对成熟、稳定。

二是由于日本对于能源进口严重依赖，而石油进口中又严重依赖中东国家，其 80% 进口来自中东地区，为保障能源供给安全，日本的能源供给和消费结构均达到国际先进能源系统标准，实现油、气、煤、核及新能源的合理分散和均衡。

三是日本为了确保其石油进口的稳定供给，采取了强化与石油生产国政府间的合作关系、扩大进口来源地、延长合作期限及其他相关保障石油供给的措施。

四是通过政府与私营部门分担风险，集中金融资源，确保企业对外投资所需资本，为确保石油供给，稳定经济增长起到积极的作用。

（2）不足之处

一是难以形成合力，对外石油项目的投资过于分散，且由于日本石油企业注重单个项目的运营，对于全球范围内石油投资战略的制订和规划重视不够，仍未形成具有国际影响力的综合性能源企业。

二是日本石油业的主体是由各个独立的项目公司，这些项目公司可以完全依靠自身力量开展油气勘探开发业务的并不多，与国际大型独立石油公司的规模、技术、资源、国际化运营能力相比，它们在国际石油市场上不具备竞争力。

3.4.2.3 印度对外石油投资的主要做法

印度是南亚最大的国家，与中国都是世界上主要的发展中大国，同样又都是属于经济发展迅速的"金砖"国家，两国进口的石油中都有相当大的比例来自俄

罗斯和中东产油国。相对于国际大型独立石油公司而言，发展中国家的石油公司国际化运营能力普遍不足，勘探开发技术水平也相对较低，在世界 50 家最大石油公司中综合排名靠前的都是得益于占有世界最为丰富的油气资源储量，而其中除了中国石油、中国石化和中海油三大石油公司外，排名 25 位的印度石油天然气公司的发展具有值得借鉴之处。

一是重视政府对行业指导，注重开展石油领域的国际合作，为企业提供良好的外部环境。

二是制订完善国内石油行业法律法规体系，创造公平公正、法治化的市场环境，为其石油企业对外直接投资提供了法律及政策方面的条件。完备的法律促进其在油气资源勘探、开发、储备、加工等领域对外投资管理水平的提高，并有助于其石油企业对外投资的顺利开展。

三是致力于引进和吸收最新的技术，如深度域处理、地层反演、先进的基于体积的解释工具、利用神经网络的随机岩相建模、光谱分解、地质统计学建模等，印度石油天然气公司拥有 12 个世界级的石油研究所，技术的积累使企业在开展对外直接投资时具备了一定的优势。

四是积极开展国际合作，在开展对外直接投资时，发展中国家的石油企业既面临传统西方大型独立石油公司的竞争，也会面临来自同样是石油消费国石油企业的竞争，为了避免竞争对于企业发展空间的挤压，印度石油企业积极加强与其他石油消费大国的石油企业开展沟通、交流与合作，在海外油气资源的投资开发中尽量避免恶性竞争，取得了一定的成绩，促进了企业的快速发展。

3.4.2.4 上述国家对于中国及中国石油企业的经验借鉴

"一带一路"域内的中东、中亚和俄罗斯是目前世界上石油资源储量最为丰富的地区，也是目前世界上主要的石油生产和出口地区，对石油资源的控制会对各石油企业的投资区位选择和决策产生重大影响。石油企业对外进行直接投资，主要目的就是控制尽可能多的石油资源，因此其对外直接投资区位选择的合理性，不仅是对某一区块、项目投资的盈利预期起着决定性作用，而且会对企业长期可持续发展有着极其深远的影响，同时对所在国能源供给安全也有着重要的意义。

在对外直接投资及区位选择和布局方面，中国石油企业要积极学习西方国家大型独立石油公司经验，在清晰的国际化战略下，随着国际石油价格和投资环境的变化调整其全球资源配置，并充分利用这种变化来同步调整其在全球的投资布局和重点投资方向，保证企业长期发展的石油资源储量，同时实现投资多样化。

石油企业应借鉴日本的经验，建立完备的石油储备体系，构建一体、成熟、稳定的对外石油投资合作的组织运行机制。

向印度等发展中国家的政府和石油企业借鉴的经验是：在国家战略层面上，一是整合行政资源、进行统一的宏观管理；二是制定完善的石油法律法规、采取相应的配套政策措施；三是积极强化能源领域的国际合作、依靠地缘优势加强对外石油投资合作。同时，企业也要加强技术研发、优化区位布局。

3.5 本章小结

本章主要概括总结了中国石油、中国石化、中海油三大石油企业对外投资的实践、区位布局，以及"一带一路"倡议实施背景下面临的机遇和需要面对的问题。

"一带一路"沿线国家集中了世界上主要的石油生产国、出口国和消费国，对于在"一带一路"沿线国家研究中国石油企业投资合作区位布局，对于中国石油企业可持续发展、提高国际化经营水平的重要性不言而喻。从 20 世纪 90 年代起，中国石油企业开始进行对外直接投资合作，经过几十年的发展从无到有、从小到大、从弱到强，中国三大石油企业对外石油投资合作成果丰硕。

"一带一路"倡议的实施给中国石油企业带来发展机遇的同时，也将带来以下问题："一带一路"沿线的主要产油区一直以来就是大国博弈的热点地区，各种势力的博弈对中国石油企业正常的投资合作形成一定的干扰和阻碍；沿线部分国家存在突出的民族矛盾和宗教问题，导致在对外合作时存在政策的不连续性，增大了中国石油企业与相关国家开展石油投资合作的风险。相对于国际大型独立石油公司具备丰富的国际经营运作经验，中国石油企业国际化专业人才的短缺，在面对复杂问题时投资决策、风险应对和处置能力不足。

本章还分析了西方国家独立石油公司、日本石油企业及印度石油天然气公司海外投资区位布局，提出它们对于中国石油企业实施对外直接投资及区位布局的经验借鉴。

第4章 中国石油企业对外直接投资区位选择的机制分析

4.1 中国石油企业对外直接投资区位选择方法

4.1.1 区位选择的特征和原则

4.1.1.1 区位选择的特征

在企业对外直接投资实践中，除了企业自身因素外，仅仅分析投资母国的影响因素或者东道国的影响因素难以合理确定企业对外直接投资区位选择的决策行为。必须根据东道国的因素，即东道国的投资拉动因素，以及投资母国的优势，即投资母国的推动因素进行综合分析。由于石油产业有其区别于其他产业的特殊性，其对外直接投资会面临东道国的政治稳定性、地质条件、基础投资条件、资源储量和经济风险以及世界石油市场状况、国际石油价格的走势、货币的汇率变化等一系列影响因素；而投资母国的产业政策引导、经济发展水平、产业环境及石油企业的盈利状况等也直接决定了中国石油企业对外投资合作的规模和方式；此外，来自石油进口国的大型石油企业和国际大型独立石油公司的竞争也会形成很大的影响。因此，本章按照上述原则从东道国拉动因素、投资母国推动因素应用 AHP 等方法综合分析中国石油企业对"一带一路"沿线国家投资合作的重点区位。

中国石油企业对外直接投资的区域特征具体包括以下几个方面的内容：一是石油资源禀赋，主要石油探明储量、储采比等；二是石油产业整体情况，包括总产量、单井产量、出口规模、石油工业技术水平；三是石油资源国的劳动力成本及石油产业的合作水平；四是该区域相对中国的地理位置；五是产业环境；六是社会经济发展状况；七是政治稳定性等。概括起来主要分为资源、经济和政治三个方面。

郭庆方（2013）按照中国对外石油投资合作的战略目标和功能定位，根据对外投资项目的合作广度和时间跨度等因素，将全球主要的石油资源富集区域的投资分为国家油气供应安全战略保障型、国家油气供应安全战略支撑型、国际油气合作拓展型和国际油气合作市场型四种类型。基于中国石油企业的社会责任和企业战略及本章研究侧重于对石油资源开发上游的对外直接投资，在前面阐述基础上，中国石油企业对"一带一路"沿线国家的石油投资主要是国家油气安全供应战略保障型和支撑型投资，因此，要在综合考虑投资长期利益的基础上进行区位选择的决策。

4.1.1.2 区位选择的原则

中国石油企业对外直接投资区位选择，具有综合性、主导性、动态性、相对性和预测性的特点，为了使中国石油企业对外直接投资区位选择反映这些特征，全面、客观、准确地做出决策，防范对外直接投资风险，应遵循以下原则：

（1）综合性原则

中国石油企业对外直接投资受多种因素共同影响，一个因素的变化都有可能导致投资环境和投资决策的改变，因此在区位选择时应综合考虑东道国、投资企业及其母国以及世界经济形势等多种因素。

（2）定量与定性相结合原则

对外直接投资区位选择的各个影响因素性质互不相同，有的可以量化表示以便于进行决策，而有的只能用定性的方法来确定，因此，在进行区位选择的决策时应该兼顾定量和定性因素。

（3）监测及预警原则

对外直接投资区位选择的评价结果，应该可以客观地反映出"一带一路"沿线国家对中国石油企业投资的适应性，并且能够为中国石油企业对沿线国家的石油投资区位选择的决策提供依据，并对可能出现的风险做出预警。

（4）比较优势原则

由于一个国家的企业在对外投资中，为了尽量延长企业投入产出的边际效应，并能够获得竞争优势，往往会选择社会环境、文化与本国接近及经济发展、技术水平较低的国家进行投资，以取得比较优势。

（5）主导性原则

影响企业对外直接投资的影响因素来自于多方面，既有东道国的影响因素，也有来自企业母国的影响因素，还可分为企业内部的因素及外部环境的因素等，可以选取的指标也很多，但并不是指标选定的越多越好，而是要能够体现行业、企业和外部环境的主要特点，选择具有代表性的核心指标来进行分析评价。

（6）动态性原则

由于对外投资合作项目一般有较长的时间段，尤其是石油合作开发项目国际通行的是 20 ~ 30 年的合同期，在合同期内国际经济技术环境、东道国和投资母国的投资环境也都会随着时间的推移而不断发生变化，为了能够反映这种变化对投资合作项目的影响，就需要结合环境因素的变化来调整评价环境指标体系的设置和数值。

4.1.2 区位选择

企业在开展对外直接投资活动中，区位选择的决策是最主要的环节，区位选择在一定程度上对投资项目的成败起到了决定性的作用，这也是本书确定研究选题的意义所在。当前国际政治、经济环境同以往已经发生了巨大变化，技术变革也日新月异，决定了大型跨国企业对外直接投资区位选择时，不同因素的相对重要性发生变化。从 20 世纪 60 年代开始，学术界就一直在探寻有效的方法，为企业跨国投资区位选择的决策提供一种科学可行的参考依据和评判标准，使企业能够在进行对外投资区位选择时更具科学性、可行性和合理性。

4.1.2.1 区位选择的方法

在对外直接投资区位选择的方法中，尽管影响的因素、评价的要点不尽相同，但是最终都是围绕投资环境系统因素来进行的，目前主要的方法有：多因素评分分析法、冷热比较法、关键因素评估法、投资环境风险评级法等。现在介绍几种与中国石油企业对外投资合作最为相关的方法。

（1）英国罗伯逊研究咨询公司的问卷调查法

英国罗伯逊研究咨询公司应用问卷调查法评估各国投资环境，其调查研究对象为各个国家的外国石油企业，并对此方法连续应用了 20 多年，积累了丰富的经验。该方法将企业投资的东道国分为四个等级，分别是很有兴趣、有兴趣、有点兴趣和没有兴趣。根据对调查问卷的回答情况进行排队，这种评价方法实质上包含了众多方面的因素，但人为主观因素会对结果形成一定的偏差。

（2）层次分析法

层次分析法（Analytic Hierarchy Process，简称 AHP）由美国运筹学家托马·塞蒂（A. L. Saaty）于 20 世纪 70 年代提出，是将一个多目标决策问题作为一个系统，按照决策的目标、准则、方案等并细化为若干层级的指标，并根据指标的层级和指标的重要性，用定性指标模糊量化方法计算出指标权重及排序。其优点是采用定性与定量相结合，即在深入分析复杂问题的本质、影响因素及其内在逻辑的基础上，利用较小的定量信息，将决策思维过程进行数学化的处理，进而为多目标、多准则和无明确结构的复杂决策问题提供简便的解决方案。在中国石油企业对外直接投资区位的选择过程中，由于影响因素复杂，并且很多难以进行具体的量化，因此，适合运用层次分析法进行分析，但是层次分析法的缺陷是存在着较大随意性，人为的判断因素对于结果有一定的影响。

（3）国别冷热比较法

1968 年，美国学者伊西阿·A. 利特法克 (Isiah A. Litvak) 和彼得·班廷 (Peter Banting) 根据他们对 20 世纪 60 年代后半期美国、加拿大、南非等国大量工商界人士进行的调查资料，在《国际商业安排的概念构架》一文中提出通过政治稳定性、市场机会、经济发展成就、文化一元化、法令阻碍、实质阻碍、地理文化差异等 7 种因素对各国投资环境在一个统一的标准下进行综合对比和分析评价，这种方法是以"冷""热"因素来表述目标国投资环境的优劣，热国投资环境优良、冷国则投资环境欠佳，把各个因素和资料加以分析，得出"冷""热"的评价差别，并以此排列得出结论。

（4）要素评估分类法

要素评估分类法也叫准数分析法，是将各种环境因素归纳为八项指标因子，依据相关性，提出以下经济模型：

$$I = \frac{AE}{CF}(B+D+G+H)+X$$

其中：A、B、C、D、E、F、G、H 分别表示投资环境、区域发展规划完善度、税利、劳动生产率、基础设施建设水平、效率系统、市场规模及管理权不同的指标因子。在上述因子中，B、D、G、H 地位基本相同，而 A、E、C、F 的地位较为特殊；X 是一个随机变量，其值可以为正，也可以为负。按照上述公式求出的准数值"I"越高，表明该区域具有较好的投资环境，企业对于该区域的投资意向也就越高。

（5）决策树法

决策树法常用于多阶段风险决策，是动态决策中最有效和简单的方法，在对外石油投资项目中，由于分为前期勘探评价、合同谈判、开发方案的制定、地面工程建设、生产运营等一系列不同阶段，在不同阶段受到的影响因素及其作用也不相同。因此，决策树法的特点与对外石油投资项目的复杂决策特点较为符合。应用决策树法，对中国石油企业对外直接投资区位选择进行分析，主要根据对外石油投资项目不同阶段的特点，利用树形决策网络来描述和进行求解。在区位选择时会有数个不同的备选方案，每一个备选方案的结构都是由未来状态的不确定性来决定的，企业可以根据对未来状态的概率分布，确定最佳投资区位。

4.1.2.2 常用的评估指标

中国石油经济技术研究院提出了中国石油企业对外直接投资重点国家选择的10个硬指标和12个软指标，并对指标采取专家分类打分和加权评估对东道国投资进行定量的分析，其指标如表4-1所示。

表4-1 中国石油对外投资项目环境评价指标

类别	硬指标(10个)	软指标(12个)
资源类	剩余储量、未发现储量	对外合作的储量
成本类	勘探开发成本、基础设施、当地后勤服务、管道设施	
财税条款类	承包商收益比、成本回收限制、政府参与	灵活性
政治经济类	通货膨胀	政治稳定性、对外合作政策、外汇政策、对待外国人政策、政治风险、经济风险、人身风险
公司优势类		政治关系、经济关系、中国公司的地位

4.2 中国石油企业的综合优势

4.2.1 区位选择的优势

4.2.1.1 所有权优势

所有权优势是一国企业所拥有的或将来能够获得的，其他企业不具备或无法获得的资产、资源及其所有权。主要可以分为两类：一是通过国际贸易、技术转让和对外投资等方式，能给企业带来利润的所有权优势，如专利技术、特定产品、企业品牌影响力和组织管理能力等；二是只能通过对外直接投资才能实现获利的所有权优势，这类所有权优势无法进行让渡于其他企业而带来收益，必须通过企业及其与控股和所属企业内部的使用才能带来利润，如一定区域内的市场垄断、独有的设计能力、特有的技术、原材料及矿产资源的控制权等。因此企业所有权优势实质是对企业垄断优势的一种拓展，构成企业对外直接投资的基础。中国自1993 年起实施"走出去"战略以来，中国政府采取一系列财税政策降低企业的融资限制条件，中国石油企业往往可以以较低的融资成本获得进行对外直接投资时巨大的资金需求，近年来中国石油企业大量的海外并购案例和巨额的购销协议得以实施，如中国石化于 2009 年 6 月收购总部位于瑞士的 Addax 石油公司，是中国企业海外并购的典型案例。中国在"一带一路"倡议实施的背景下，与沿线国家合作进程不断加快、投资环境不断优化，而"一带一路"沿线石油资源国蕴藏大量丰富的石油资源，在两国政府的合作框架下源源不断地成为中国石油企业提升自身企业竞争力的核心资源，使中国石油企业的规模和国际化运营能力得以迅速提升，在国际石油市场中进一步提高影响力和话语权，中国石油企业的技术优势、管理优势得以更好地发挥作用。

保障国家能源安全供给是中国三大国有石油企业肩负的历史使命，中国石油企业对外直接投资行为体现在两个方面：一方面体现为出于企业利益的角度做到利润获取的实现和企业的可持续发展；另一方面则体现为出于企业所有者国家利益的角度做到配合国家战略的实施和能源供给的安全，尤其是要保障国家能源供给的安全，以及作为国家外交、政治利益实现的一种工具。

如前所述，由于石油这种特殊商品所具有的重要战略价值，国际大型跨国石油公司和各个国家的国家石油公司在某种意义上也具有同样属性，同样会受到来自于企业所属国政府的特殊政策待遇，也要在一定程度上承担相应的政治责任和社会责任，即大型石油企业的对外投资合作并不是单纯追求企业利润最大化的投资行为，因此其投资区位选择过程中对石油资源国经济风险所引起的利润波动敏感度较之制造业等其他产业要低。由于中国的政治制度和中国石油企业国有制身份所赋有的代表国家利益的社会责任和政治责任，国际上对其投资合作行为会有更多地解读，如 2005 年中海油收购优尼科公司的案例，最终由于美国部分政治势力对此项商业行为的过度解读，导致这项交易最终以失败告终。同年 7 月 2 日，中海油宣布撤回对优尼科公司高达 151 亿美元的收购要约。中国国有企业对企业生产经营要素的获取往往可以低于市场价格，包括技术、人力、公共服务等一系列要素投入，为其带来了生产经营上便利条件，同时形成了中国企业的特有优势。为充分利用中国石油企业的特有优势，同时也避免在国际运营经验不足和管理方面的比较劣势，较低的融资成本能够为其抵抗投资风险引致的收益波动提供充裕的资金支持，并最终取得投资行为的整体获利和石油资源的控制权。

4.2.1.2 内部化优势

企业内部化优势是以企业所有权优势为前提，并会直接影响企业对外直接投资的区位选择（如图 4-1 所示）。由于石油产业发展的特性，中国石油、中国石化、中海油三大中国石油企业必须适用世界能源供给消费格局、地缘政治及多极化的转变，在前述企业所有权优势下，获取更多的石油资源，形成并放大其内部化优势。随着近年来民族主义势力的抬头和追求国家经济独立，石油资源国逐渐开始对于外国资本在其石油领域的投资限定更多的附加条件，投资政策上呈现出收紧的趋势。在国际石油市场上，大型石油公司和跨国石油技术服务商垄断了一定的石油开发技术和专用设备、工具，在国际石油市场上具有一定的话语权，国际上主要石油富集区的高品位石油资源多由西方大型石油公司和资源国国家石油公司所控制，而且石油开发、贸易所要求的各种要素资源提高了国际石油投资领域的进入门槛。因此，国际石油开发投资领域由于政府干预程度较深和大型跨国公司对要素资源的垄断性，形成了国际石油投资领域具有结构性市场不完全和知识性市场不完全的特点，所以，中国石油企业为了克服石油国际投资领域的不利影响，就要将其所具有的各种所有权优势加以内部化，以实现其资源的最佳配置，并表现在其区位选择中利用其所具有的金融资产、技术、设备、人力资源等所有权优势以获得其石油资源的分布、规模及收益。

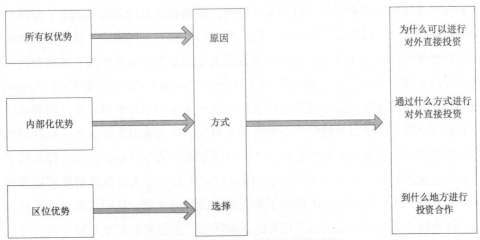

图4-1　企业优势与区位选择的关系

企业对外直接投资区位选择很大程度上取决于其投资的产业领域、相关因素的影响程度。对于影响因素的分析能够帮助企业比较区位优劣，降低投资风险、提高预期收益水平。而这些往往通过多种渠道获取数据和信息，并且要应用到多种方法进行分析。中国石油企业进行对外石油投资合作，区位选择是首先要考虑和进行的决策，随着"一带一路"倡议的实施，中国与域内国家开展了广泛的合作，涉及、政治、经济、文化，大量促进双边、多边投资的政府协议获得签订实施，有助于降低中国石油企业对域内石油资源国的实际投入成本，并下调企业投资风险预期，使"一带一路"沿线国家的外部环境更接近于中国石油企业发挥自身的优势，加之中国石油企业国际化运营管理经验的逐渐丰富，在石油领域已经并将继续扩大在"一带一路"沿线石油资源富集区的国家中开展跨国投资与合作，而投资规模的不断扩大也有助于中国石油企业提高内部化优势，通过对沿线国家优势生产要素的投入，获得石油资源，减少企业内部交易费用，有利于中国石油企业进一步提升规模经济、提高生产效率。

4.2.2 企业优势的形成

4.2.2.1 企业综合优势的形成

当今世界经济发展的环境同以往大不相同，国际政治、经济已经发生了深刻的变化，在新兴经济体企业开展对外直接投资，其竞争优势在一定程度上来源于其母国以及间接投资和直接投资日益的融合。

中国经济的发展又兼具发达国家和发展中国家的特点，有着其特有的规律，在研究中国及中国企业对外直接投资问题时，应当在已有的理论基础上不断结合新的环境和情况，以及需要解决的实际问题进行有针对性的研究，这样形成的研究成果也就更具有现实意义，也可以更好地为中国及中国企业对外直接投资行为提供理论支撑。美国学者雨果·克雷尔（Hugo Chorell）和艾玛·尼尔森（Emma Nilsson）利用国际生产折中理论来检验中国能源企业的对外直接投资，所得结论并不是完全符合企业对外投资所必须具备所有权、内部化及区位优势。究其原因是因为中国石油企业是大型国有企业，保障国家能源安全供给的目标已经超越了企业单纯追求的利润最大化的目的。"国家特定优势"作为对既有对外直接投资理论的发展，从母国实务角度拓展了企业竞争优势的来源，从而在传统主流对外直接投资理论的框架内融入母国优势的影响因素，也能够较好地解释中国石油企业对外投资与合作的现象。

国家特定优势较好地解释了当前国际环境下和中国现实情境下中国企业尤其是中国大型国有企业的组织资源和能力。纵观世界跨国企业的发展历程，都具有国家层面和企业层面的双重优势体系。对于任何一家企业，国家特定优势都是企业综合优势形成的基础，国家特定优势并不是中国企业所独有，而仅是其享有国家特定优势的某些具体内容，企业综合优势本身就是国家特定优势的一种微观化的反映。目前处于主流的发达国家对外直接投资理论没有将国家特定优势纳入OLI分析范式，可能是由于其本身就是针对发达经济体的企业行为作为研究对象，发达经济体企业所有权优势本身就源自于其在技术、管理、资金等方面的国家特定优势，故而为了避免重复未将国家特定优势进行考虑。但是发展中国家和新兴经济体企业的制度环境和国际化发展路径的不同，使国家特定优势在其企业国际化发展进程中的跨国资源整合起到更加有效的作用。基于此，对于中国企业对外直接投资的研究中就国家特定优势向企业优势的转换机理进行研究和分析，将会是一个具体的研究方向。

4.2.2.2 企业优势的现实基础

中国石油企业主体是大型国有企业，其对外直接投资出于国家宏观经济快速发展、弥补石油巨大的消费缺口，在"一带一路"背景下，政府鼓励中国石油企业去沿线国家进行石油投资合作并提供相应的政策保障，同时，配套税收、金融支持等使得中国石油企业要素投入相对较低、企业运营成本具有比较优势。国家特定优势为中国石油企业走出去发展提供了基础，促进中国石油企业形成比较所有权优势，具备了在对外直接投资时的竞争优势。

拥有石油储量资源的控制和开发能力是石油企业发展的根本，中国的石油企业由于长期投入大量的人力和物力进行科研，并不断取得成果，企业管理者也不断尝试应用新的管理方法提升科研管理能力。随着技术的进步，采收率不断提高，如大庆油田的三次采油技术、辽河油田的稠油开采技术、长庆油田的超低渗油藏开发技术等均达到世界领先水平。同时在油田工程技术服务方面中国石油企业也跨入世界领先行列。对于中国石油企业来讲，这些技术优势、管理优势可以在市场满足一定条件时通过开展对外投资向海外转移，尤其是"一带一路"倡议的实施下向沿线资源国的转移，形成中国石油企业对外直接投资的优势。中国石油企业经过多年的发展，以中国石油、中国石化、中海油为代表的中国石油企业的整体实力不断得到增强，对世界石油格局的演变开始发挥一定的影响。

4.2.3 区位选择的决策

4.2.3.1 国家特定优势下的中国石油企业综合优势

（1）政府的作用

由于西方大型跨国石油公司所具有的企业特定优势，在全球拥有大量高品位的石油资源、国际石油开发项目的经营运作能力和丰富的油田开发管理经验，具有石油开发技术优势，而且国际石油价格的形成、国际石油贸易规则、国际石油投资合作领域的通行做法等国际石油市场的话语权也多掌握在发达国家和西方大型跨国石油公司手中，虽然近年来 OPEC 和新兴国家力量在崛起，但在国际石油市场中的话语权与综合实力不相匹配。西方大型石油企业具有的企业特定优势，使其所属国政府在其对外直接投资的区位选择中发挥的作用十分有限。

通过对中国石油企业特定优势形成的机理分析，我们发现其企业特定优势的形成离不开政府的引导、服务和政策支持，因此较之与西方国家政府，中国政府在中国石油企业对外投资合作中发挥着更为重要的作用。中国政府既要促进中国石油企业加大对外投资合作的力度以满足国家能源安全供给和宏观经济发展的需要，还要对中国石油企业的对外投资合作行为在国家的外交和对外经济合作统一战略下实施引导，同时还要提供一系列配套的公共服务。政府以特定的组织方式促进中国石油企业优势的形成，如在"一带一路"倡议的实施下进一步引导中国石油企业加大与"一带一路"沿线石油资源国的投资合作，并通过能源发展规划、配套政策、金融支持等有利于企业的制度安排以及与沿线国家政府间的合作等国家特定优势因素的提供，促进形成中国石油企业的微观竞争优势，进而相应降低企业投资成本和投资风险、明确区位选择目标、提高投资效率和收益预期。政府作用的发挥与企业所有权优势、区位优势形成综合优势，如图 4-2 所示。在国际石油市场并不是完全由市场机制支配及中国在国际石油市场话语权缺位的条件下，政府的主导作用对于中国石油企业开展对外投资合作有着重要的意义。

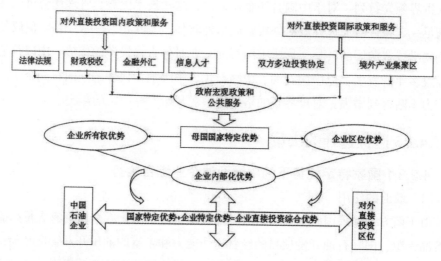

图4-2　国家特定优势下的中国石油企业对外投资的综合优势

（2）企业的作为

中国石油企业从 1993 年起逐步从小项目、小区块的投资合作入手，开始进行对外投资。2008 年以来，中国石油企业的海外投资显著增加，但与西方国家大型石油公司相比较，中国石油企业对外直接投资合作还处于相对初级的阶段。如表 4-2 所示，在 2016 年世界主要石油企业的数据中，尤其作为衡量石油企业国际化水平的主要指标国际油气占比，中国石油企业与西方大型独立石油公司还存在比较明显的差距。

由于石油是不同于一般商品的战略性资源，石油资源国大多都是社会发展水平较为落后的国家，其经济发展支柱和政府财政收入主要来自于石油产业，中国石油企业的对外直接投资不是企业单纯的商业行为，会受到来自于资源国政府、西方石油公司、国际石油市场等多种复杂因素影响，加之中国石油企业的国有属性和石油行业的特殊性，企业必然会受到来自于政府的政策支持，同时也要肩负国家经济发展和保证能源安全供给的责任。作为资源获取型的中国石油企业，其对外直接投资区位的选择，主要决策依据是资源国的石油资源禀赋，同时在综合前述多种影响因素下如何平衡企业利益和国家利益，并实现企业投资利益的最大化，这也是中国石油企业进行对外直接投资区位选择的关键之处。

表4-2 世界主要石油公司指标数据

指标	中国石油	中国石化	中海油	埃克森美孚	壳牌	美国石油	康菲石油	雪佛龙	道达尔
年营业收入（亿美元）	4320.1	4586.6	354	4119.4	4312.4	3234.9	555.17	2004.94	2278.8
企业总资（亿美元）	3904.2	2355.6	1075.9	3494.9	3531.2	2843.1	1165.4	2660.26	2067.4
企业员工总数（万人）	150.02	106	6.58	8.2	9	9.2	3.38	10.98	10.03
企业净利润（亿美元）	173.94	79.38	97.71	325.2	147.3	38	68.69	192.41	128.37
资产利润率（%）	4.46	3.37	9.08	9.3	4.17	1.34	5.89	10.9	11.1
产量（亿桶当量）	14.504	4.8022	4.325	14.487	11.24	11.68	5.621	9.38	8.395
储量（亿桶当量）	224.45	41.72	44.78	252.69	138.81	170	89.06	120	115
储采比	15.48	8.69	10.35	17.44	11.64	14.55	15.84	—	—
资源接替率（%）	0.79	0.62	0.94	0.58	1.62	0.39	0.9	0.47	0.52
单位折旧（美元/桶油当量）	14.46	17.35	21.3	9.61	14.53	33	12.37	24	15.63
销售净利率（%）	4.69	1.73	27.59	7.89	3.41	4.51	16.52	9.7	9.7
国际油气占比（%）	10.15	10.38	37.78	70.32	91.1	98.12	52.86	80.3	72

4.2.3.2 东道国对中国石油企业投资区位选择的影响

中国石油企业对外直接投资活动是嵌入在一个东道国的特定社会背景下，在进行区位选择时首先会评判东道国的政治稳定性，在政局不稳、政权更迭频繁的国家进行投资，会存在较大的预期收益风险，甚至会在极端情况下损失掉全部投入的资产。"一带一路"沿线石油资源国对于外国的投资政策，都是出于有利于本国的发展或是符合资源国政权的利益。由于石油作为国际贸易中一种特殊的大宗商品，对于石油输出国和输入国的国民经济发展都具有重要的战略意义，也会关联到相关国家之间的政治和外交关系，并产生重大影响。因此石油资源国出于本国利益往往会制定一系列政策对外国企业石油投资活动进行监管和限制，以控制投资规模和投资区域，东道国政府如果对外国石油投资的干预程度过高就会影响到投资的便利性，继而会影响流入的规模。东道国的法律制度的完善程度不仅会影响到外国企业投资石油项目所能达到的生产能力，还会影响到投入的成本，进而会影响到外国企业对石油资源国投资区位的选择。

此外，东道国的外汇管控、基础设施、劳动力教育程度、技术发展水平、税收政策、金融市场等经济因素都会对中国企业石油投资的区位选择产生一定的影响。中国石油企业进行对外直接投资合作，同样会受到东道国社会文化因素的影响，需要面临额外的跨文化交易费用，并将会影响企业的对外投资合作项目的预期收益，这在一定程度上也会影响到对外直接投资区位的选择。

4.3 中国石油企业对外直接投资区位选择机理模型

考虑到中国石油企业对外直接投资本质上是基于企业所有权展开的在他国开展生产经营的投资决策，那么其企业优势可以通过企业生产效率来进行量化和说明。因此，可借助扩展引力模型来分析东道国影响因素如何来形成中国石油企业对外直接投资区位选择的机理并构建起理论模型。

4.3.1 企业对外投资区位选择的基本机制

假设世界上由 N+1 个国家（经济体）组成，每个国家（经济体）有 A 和 B 两个生产部门，其中 A 部门生产同质性产品，其产品是基准产品，B 部门生产差异化的产品。对外直接投资母国编码为 $k=0, 1,..., N$，对外直接投资东道国标记为 $j=1,2,..., N$。母国中的企业记为 i，其投资东道国 j 所获利润，则可表示为 π_j^k。

垄断竞争假设：每个国家存在连续型企业满足 D-S 假设，不同企业都选择生产差异性的产品，这种差异性记为 ω。由于每个企业生产都会根据其特点生产具有特定性的产品，其生产这种产品的生产率记为 θ，生产率的分布函数 $G(\theta)$ 为外生给定，密度函数为 $g(\theta)$。

生产投入假设：生产需要劳动力要素的投入，而且劳动力供给是无弹性的，各种投入要素均以具有供给无弹性的劳动力度量，劳动力价格记为 l。

生产技术假设：企业技术由成本函数来代表，且成本函数可以分解为固定成本 f 和边际成本。而且生产成本函数与有关劳动力投入具有线性关系。

每个国家典型消费者有其消费偏好，满足包含持续商品的消费者消费偏好不确定性函数，即 CES 效用函数表示如式 4-1：

$$u = \left[\int_{\omega \varepsilon \Omega} q(\omega)^{\frac{\varepsilon-1}{\varepsilon}} \mathrm{d}\omega \right]^{\frac{\varepsilon-1}{\varepsilon}} \tag{4-1}$$

其中，Ω 代表商品种类，ω 为商品间的差异，且商品之间存在可替代性，当时表示任意两个商品之间的替代弹性。

如果 I 为企业的差异性产品，q_{ij} 表示总收入为 I_j 的 j 国消费者对价格为 p_{ij} 的产品 i 的消费量，在消费者效用最大化时有如下关系：

$$q_{ij} = \frac{I_j P_{ij}^{-\varepsilon}}{\int P_{ij}^{1-\varepsilon}(\omega)\mathrm{d}\omega} \tag{4-2}$$

根据垄断竞争假设、生产投入和生产技术假设，企业产出成本函数如下：

$$TC(q) = f + l \times q / \theta \tag{4-3}$$

其中固定成本 $f > 0$，C 为投入要素劳动力的价格，不同国家 j 拥有不同的劳动力成本，用 l_j 来表示；q 为产量。较高的生产率表示以更低边际成本生产产品的会存在更多的差异性或以同样的成本达到同质性产品质量上最大的提高，即当生产率 θ 越高，产量在相同为 q 时，所需的总成本 $TC(q)$ 越低。

在 D-S 假设下企业产品定价满足：

$$MC_i = p\lambda, \lambda = \left(1 - \frac{1}{\varepsilon}\right) \tag{4-4}$$

企业在国内进行生产经营时，由产出成本函数和 D-S 假设得到产品定价 p_i，

和均衡产出水平 q_i，以及利润 π_i 分别表达如下式：

$$p_i = \frac{l_i}{\lambda \theta_i} \qquad (4\text{-}5)$$

$$q_i = \frac{I_i P_i^{-\varepsilon}}{\int p_i^{1-\varepsilon}(\omega)\mathrm{d}\omega} = \frac{I_i}{\int \left(\frac{l_i}{\lambda \theta_i}\right)_i^{1-\varepsilon}(\omega)\mathrm{d}\omega}\left(\frac{l_i}{\lambda \theta_i}\right)^{1-\varepsilon} = \alpha p_i^{-\varepsilon} \qquad (4\text{-}6)$$

$$\pi_i = (1-\lambda)\lambda^{\varepsilon-1}\frac{I_i}{\int \left(\frac{l_i}{\lambda \theta_i}\right)_i^{1-\varepsilon}(\omega)\mathrm{d}\omega}\left(\frac{l_i}{\lambda \theta_i}\right)^{1-\varepsilon} - f_i = \beta p_i^{1-\varepsilon} - f \qquad (4\text{-}7)$$

$$\alpha = \frac{I_i}{\int p_i^{1-\varepsilon}(\omega)\mathrm{d}\omega} \qquad (4\text{-}8)$$

$$\beta = \alpha(1-\lambda)\lambda^{\varepsilon-1} \qquad (4\text{-}9)$$

当企业进行对外直接投资时面临一定的生产约束，且不同生产方式面临的生产约束存在差异。

（1）企业国内生产经营时假设

当企业 i 在其母国生产经营时，其必须付出可变成本 C_0/θ_i，固定成本为 f_0^D，劳动力成本为 C_0。

（2）企业对外直接投资时假设

则企业 i 在 j 国家开展生产经营时企业的可变成本为 C_j/θ_i，固定投资成本为 f_j^l。企业选择在东道国进行投资时，要根据企业生产规模和经营情况建立分支管理机构、发生配套服务支出，因此，通常来讲给定符合现实的假设，对外直接投资固定成本相对要较高，$f_j^l > f_0^D$。

如上所述，实现企业利润最大化是其开展对外投资的根本动因，而其在开展对外直接投资区位选择的评价和决策依据，就是企业在东道国开展对外直接投资的利润预期与其之前的生产经营利润进行比较，若进行对外直接投资后所获得的利润更高，企业便会对该东道国开展海外投资。

　　梅里兹（Melitz，2003）假定企业投资项目在投入生产后才能够确定该项目的生产效率，由于 f 的存在，只有企业的生产效率达到或者超过一定的水平，才能实现投资项目的盈利，根据企业对外直接投资的价格和利润函数，可以解出其在国内生产、出口和对外投资不同情况下的横截水平生产效率，分别如下式：

$$\theta_i^* = \left[\frac{f_i}{\beta_i l_i^{1-\varepsilon}}\right]^{\frac{1}{\varepsilon-1}} \tag{4-10}$$

$$\theta_{ij}^{x*} = \left[\frac{f_j^x}{\beta_j (\pi_j l_i)^{1-\varepsilon}}\right]^{\frac{1}{\varepsilon-1}} \tag{4-11}$$

$$\theta_{ij}^{v*} = \left[\frac{f_j^v}{\beta_j l_j^{1-\varepsilon}}\right]^{\frac{1}{\varepsilon-1}} \tag{4-12}$$

　　新兴国家对外直接投资的迅速增长，引起众多学者的关注和研究，通过对比发现，新兴国家企业对外直接投资的增长速度极快，而且更为激进，并通过技术资源和利用既有全球化优势，迅速实现企业的国际化发展，出现了大量具有一定竞争力的国际化企业，其所有权优势来源就有对外直接投资所吸收国际领先管理经验和先进技术或者关键资产，从而迅速培育企业自身竞争优势。这与上述分析不同之处是关注未来企业提升竞争力战略性资源的获取，在企业对外直接投资过程中出现东道国 j 对投资母国 i 的逆向技术溢出，记为 η_j，且 $\eta_j > 1$。根据基本模型的逻辑，借鉴周君芝（2014）的分析，得到存在逆向技术溢出效应投资的横截生产效率水平，如下式所示：

$$\theta_{ij}^{**} = \left[\frac{f_j}{(\eta_j-1)(\beta_i l_i^{1-\varepsilon} + \beta_j l_j^{1-\varepsilon})\beta_j l_j^{1-\varepsilon}}\right]^{\frac{1}{\varepsilon-1}} \tag{4-13}$$

　　这也说明，在其他条件不变的情况下，新兴国家的企业对某一东道国进行对外直接投资，如果获得的技术逆向溢出效应越高，则对该东道国投资选择的可能性就越大，这也构成了战略导向型的对外直接投资区位选择的基本机制。

4.3.2 中国石油企业对外投资的目标效应分析

中国石油企业对外投资合作的主要目标是石油资源的获取，即通过投资获得权益分成产量和石油资源，既保证国家能源供给安全，同时实现中国石油企业的国际经营战略和竞争力的提升。

中国石油企业不论以何种模式进行对外投资合作，最终的目的都是为了在实现盈利的基础上获得资源，其主要特征体现为石油产品作为投资的回报，因此，构建中国石油企业对外直接投资的生产函数如下：

$$Q = Q(K, T) \tag{4-14}$$

根据生产函数的一般特征，假设式4-14满足各变量一阶可导，且一阶导数均 >0 的条件，$\dfrac{dQ}{dK} > 0$，$\dfrac{dQ}{dT} > 0$。

中国石油企业对外直接投资与合作不论采取哪种方式，最终反映在石油产品输入国内，输入产量占到其投资项目产量比例为 R，则中国石油企业对外投资合作的石油产品获得量可表示为：

$$G = R \cdot Q(K, T) \tag{4-15}$$

那么其投资利润可以表示为：

$$Pf = p \cdot Q - (rK + eT) = p \cdot Q(K, T) - rK - eT \tag{4-16}$$

式4-16中，p 为国际石油价格，r 为融资成本，e 为服务支出，由于中国石油对外投资合作要兼顾国家和企业利益，因此，本文假定其对外投资的资本和技术服务的边际投资均可获得边际利润，$\dfrac{dPf}{dK} > 0$，$\dfrac{dPf}{dT} > 0$。

除了商品属性外，由于石油还具有政治、金融属性，国际石油市场受到多种复杂因素的影响，因此对外石油投资也会面临众多不确定性的风险，由于"一带一路"沿线国家石油投资合作最大的风险源是东道国的政治风险，丰富的石油储量以及"冷战"后国际大国对地缘政治影响力的争夺，加之沿线国家宗教和民族问题导致政治稳定性是中国石油企业对"一带一路"石油资源国投资的一个重要的决定因素，可将这种风险设定为 F。从上述可知，投资风险是中国石油企业获取石油资源的努力程度（α）的单调增函数，定义 $r = f(\alpha)$，$\dfrac{df(\alpha)}{d\alpha} > 0$，因此，中国石油企业对外投资合作面临的风险可表示为下式：

$$r = F + f(\alpha) \tag{4-17}$$

中国石油企业对外投资合作的目标效用函数定义如下：

$$U = \lambda_1 U_{石油资源} + \lambda_2 U_{利润最大} - \lambda_3 U_{风险最小} \tag{4-18}$$

且 $\lambda_1 + \lambda_2 + \lambda_3 = 1$

将式 4-14、4-15、4-16 带入 4-17 可得如下公式：

$$U = \lambda_1 * R * Q(K,T) + \lambda_2 * [p * Q(K,T) - rK - eT] + \lambda_3 * [F + f(\alpha)] \tag{4-19}$$

4.3.3 扩展引力模型的构建

我们把沿线国家的经济规模、投资竞争程度、双边贸易额、资源储量、投资风险、基础设施等变量纳入原始的引力模型，以分析在"一带一路"倡议实施的背景下，中国石油企业对外直接投资区位的选择与上述变量之间的关联关系。选取样本国家 2000—2016 年的面板数据建立模型，用引力模型对中国石油企业对外直接投资的区位选择的影响因素进行分析。进而综合分析评价中国石油企业对"一带一路"沿线国家投资合作区位选择的问题。

原始的引力模型可以表示如下：

$$\ln(FDI_{ij}) = C_0 + C_1\ln(GDP_i) + C_2\ln(GDP_j) + C_3\ln(d_{ij}) + \mu_{ij} \tag{4-20}$$

根据前述理论和文献，假定中国石油企业在 t 年到"一带一路"沿线国家的对外直接投资为 Y_{jt}^*，由以下引力方程所决定

$$Y_{jt}^* = \alpha + X_{jt-1}'\beta + u_{jt} \tag{4-21}$$

$$\Pr(Y_{jt}^* > 0) = \alpha + \beta_1 Z_{jt-1} + \beta_2 R_{jt-1} + \beta_3 T_{jt-1} + \beta_4 E_{jt-1} + x_{jt}'\beta_0 + \xi_{jt} \tag{4-22}$$

其中，Z_{jt}，R_{jt}，T_{jt}，E_{jt} 分别为"一带一路"沿线国家 j 在年度 t 的制度质量、石油资源、战略资产和经济情况，也是核心解释变量。为了克服内生性问题，将这些变量进行滞后一期处理。向量 x_{jt}' 为控制变量，包含引力方程中的各种影响因素和固定效应。u_{jt} 为服从正态分布 $(0,\sigma^2)$ 的扰动项。

中国石油企业对沿线国家实际投资量以 Y_{jt} 表示，则有如下表达：

$$Y_{jt} = Y_{jt}^* \ if \ Y_{jt}^* > 0$$
$$if \ Y_{jt}^* < 0 \ 或者 \ _{jt} = 0$$

本文希望估计的是 $G(Y_{jt} \big/ X_{jt-1})$。但是只利用具有正的对外直接投资样本，则有：

$$G(Y_{jt} \big/ X_{jt-1}, Y_{jt}^* > 0) = X_{jt-1}'\beta + G(u_{jt} \big/ u_{jt} > -X_{jt-1}'\beta) \tag{4-23}$$

$$= X'_{jt-1}\beta + \sigma\left[\frac{\varphi(X'_{jt-1}\beta / \sigma)}{\phi(X'_{jt-1}\beta / \sigma)}\right]$$

$$\neq X'_{jt-1}\beta$$

其中，$\left[\dfrac{\varphi(X'_{jt-1}\beta / \sigma)}{\phi(X'_{jt-1}\beta / \sigma)}\right]$ 即是 inverse Mill's ratio，在估计中如果忽略了此项，则会导致系数估计的样本选择偏误，因为 $\left[\dfrac{\varphi(X'_{jt-1}\beta / \sigma)}{\phi(X'_{jt-1}\beta / \sigma)}\right]$ 与 X'_{jt-1} 必然存在相关，条件独立假设（CIA）被破坏。

参照赫尔普曼（Helpman E，2008）等人的做法，中国石油企业进入沿线国家时，影响企业是否做出投资决策的风险管控因素作为额外变量加入前述引力方程，因为风险控制因素的影响会增加企业投资时的成本（COST），因此，本书构建的区位选择影响因素分析模型如下：

$$\Pr(Y^*_{jt} > 0) = \alpha + \beta_1 Z_{jt-1} + \beta_2 R_{jt-1} + \beta_3 T_{jt-1} + \beta_4 E_{jt-1} + x'_{jt}\beta_0 + \delta\cos T_{jt} + \xi_{jt} \tag{4-24}$$

4.4 本章小结

区位选择理论是对外直接投资理论的一个主要部分。本章在分析区位选择特征、方法的基础上，结合中国石油企业的特征，根据国际生产折中理论和国家特定优势尝试构建符合中国石油企业特点的对外直接投资区位选择的理论分析框架。

在"一带一路"倡议的实施背景和国家宏观政策的推动下，中国石油企业不断与沿线国家深化石油领域的合作，国家特定优势通过以下三个途径形成中国石油企业在对外投资合作中的综合优势：一是直接影响企业所有权优势的对外直接投资的国内政策和服务；二是直接影响企业内部化优势的对外直接投资的国际政策和服务；三是间接影响企业对外投资能力的国内经济与产业环境。

通过对中国石油企业对外直接投资的目标效应进行分析可以看出，中国石油企业对外投资最终的目的都是为了在实现盈利的基础上获得资源，其主要特征体现为石油产品作为投资的回报，因而"一带一路"沿线石油资源国的基础设施、劳动力素质、投资环境、石油资源禀赋等因素构成的区位优势，都会对中国石油企业的目标效应产生影响，进而会影响到中国石油企业投资区位的选择。

中国石油企业对外直接投资的区位选择，如果只是出于企业利益最大化的角度是不能做出最优决策的，应该以国家整体利益的实现为基础，同时考虑企业利益最大化。中国对外石油投资合作的驱动力也是在国家利益和石油企业利益相一致的基础上形成的，石油企业是投资行为主体，但处于复杂的国际石油投资环境中，只有在政府的引导和政策支持下，才会有更大的作为。在国家能源安全和经济发展战略导向下，国家特定优势促成中国石油企业形成企业自身优势，推动中国石油企业国际化发展战略的实施。在国家推进"一带一路"的建设进程中，积极扩大与沿线国家的石油投资，在实现企业利益最大化的同时做到国家利益和企业利益的耦合。

以上构建的理论分析框架，就现有对外直接投资理论的应用进行了延伸和拓展，有别于传统制造业为研究对象，从现实需求出发具有特定行业属性的石油企业对外直接投资的区位选择，进一步研究完善了对外直接投资理论的解释广域度。

第5章 基于投资母国视角下区位选择影响因素的实证分析

中国石油企业作为自然资源寻求型企业，其对外直接投资的动机主要分为资源利用与资源寻找。上一章就中国石油企业对外投资及其区位选择的机理进行了分析，本章主要根据中国石油企业对外投资区位选择的决定因素从国内的视角，选取具有一定代表性和可量化的指标进行实证分析。

5.1 变量选取和数据来源

5.1.1 变量选取

关于中国企业对外直接投资区位选择影响因素方面的研究，国内外学者都针对少数因素展开，鲜有学者系统性地对石油企业对外直接投资区位选择的影响因素进行研究。本章借助多边形图示指标法，从投资母国的视角，选取经济环境、产业发展环境、国内供给、国内需求及原油价格五个方面的指标进行综合分析，探寻影响中国石油企业对外投资的决定性因素。

中国石油企业对外直接投资是中国石油企业为了能够取得海外石油资源的控制权及相关资产经营管理的控制权，而对资源所在国家进行的资本、设备、技术和管理技能等有形及无形资产的投入。哪些因素能够影响其对外直接投资的区位选择是本章实证分析的主要内容。

从现有的研究文献来看，关于中国石油企业对外直接投资区位选择的影响因素，在宏观层面综合起来包括东道国经济发展水平、双边贸易联系、货币的汇率水平、法律制度、平均工资水平、社会风俗、宗教文化，以及投资母国经济发展水平、政策制度、产业环境等；在微观层面包括企业年经营总值、企业的技术水平、企业资产、企业资源占有量、企业投资收益等都是文献中讨论较多的对外直接投资区位选择相关的主要决定因素。

本章选取了 2000—2016 年共 17 个年度的数据样本,对影响中国石油企业对外投资区位选择的可量化因素进行计量分析,由于石油对外投资的时效期长,大量的设备等固定资产投资使得其投资具有延续性、沉没成本大的特点,故选用对外直接投资存量用以衡量更为准确。相关变量参数信息如表 5-1 所示。

表5-1 变量参数信息

变量	单位	计算方式	来源
中国石油企业对外直接投资Ofdi	百万美元	中国对外直接投资(存量)×15%	中国商务部对外直接投资公报
人均国内生产总值Pcgdp	元	我国人均国内生产总值	国家统计局中国统计年鉴
人民币汇率Er		人民币对美元的直接汇率	国家统计局中国统计年鉴
中国石油企业投资收益Pro	万元	中国石油企业投资收益	国家工业统计年鉴或其他文献整理计算
国际石油价格OP	美元	布伦特油价	BP能源统计年鉴或其他文献
石油开采业全社会固定资产PEI	亿元/年	是以货币表现的石油开采业建造和购置固定资产活动的工作量的综合性指标	中国能源统计年鉴
石油企业固定资产投资Gt	亿元/年	石油企业可在生产中被反复或连续使用一年以上的生产性资产投资的统计	国家统计局
社会融资增量外币贷款fel	亿元	银行利用筹集的外汇资金对国内企业发放的贷款	中国人民银行
原油进口量Import	万吨	我国石油进口贸易量	国家统计局中国统计年鉴
原油年产量Ano	亿吨	当年净原油量	国家统计局
石油采储比Mrt	%	年末剩余储量除以当年产量	BP能源统计年鉴或其他文献
新增探明石油地质储量Nre	亿吨	勘探阶段结束后计算的储量	国土资源部
人均石油消费量Oc	桶/人/年	全国石油消费量/人口数量	BP能源统计年鉴或其他文献
中国对外石油依存度Oilr	%	原油净进口量占本国石油消费量的比例	工业和信息化部
能源消费弹性系数Eec	—	能源消费平均增长速度与同期国民经济增长速度的比值	中国能源统计年鉴

5.1.2 指标分类解释

5.1.2.1 国内石油供给

1949 年中华人民共和国成立时，中国只有玉门、延长等几个小型油田，1959 年大庆油田发现和开发，成为中国石油工业乃至中国工业发展成就的标志，在随后的几年里相继发现和开发了胜利、大港、江汉、河南、华北、中原等油田，使中国石油生产不仅能满足国内需求，还成为石油出口国。近年来随着石油勘探开发投入的不断增加和石油开发技术的进步，过去难以动用的储量得以商业开发，石油产量仍呈现出不断增长的势头，但由于资源储量、地质条件和投资空间的限制，中国国内石油产量在 2015 年达到峰值后，2016 年开始呈现缓慢下滑之势，与中国石油需求不断增长相对应的是，中国石油进口量近年来迅速的增长，目前中国已成为全球最大的石油进口国。

我们用石油年产量反映国内企业每年石油的供给总量，如表 5-2 所示，用当年新增地质探明储量和储采比来反映国内石油生产潜力。

表5-2 中国历年石油生产量（单位：万吨）

年度	1995	2000	2005	2010	2013	2014	2015	2016	2017	2018
探明剩余开采储量	327360	327360	250000	278767	333912	337655	344276	350959	354200	398770
石油产量	14970	16187	18175	20275	20887	20982	21462	20250	19150	18910
石油进口量	3400	7027	12682	23768	28174	30837	33548	38101	41987	46190

资料来源：《BP 世界能源统计》《中国能源统计年鉴》。

中国石油企业的国内原油年产量直接影响石油国内的供给数量，并直接影响到国内石油供给结构的变化。石油采储比则反映我国石油资源赋存条件、开采技术、开采设备等优劣程度，直接决定国内石油的供给，而当年新增探明地质储量则反映出我国未来数年石油供给趋势，故选用原油产量、采储比、当年新增探明地质储量作为国内供给变化的重要指标。

5.1.2.2 国内石油需求

2010 年中国 GDP 超越日本成为世界第二大经济体，2018 年 GDP 总量达到 136000.67 亿美元，接近美国的 66.3%，随着环境保护意识和监管的增强，以及产业结构的升级，中国能源消费结构处于不断调整过程中，对于原油的需求量和在一次性能源中占比都呈现增加的趋势，2018 年中国一次性能源消费为 32.45 亿吨油当量，其中石油为 6.51 亿吨，石油占比为 18.8%。中国历年一次性能源消费和石油消费量如表 5-3 所示，采用人均石油消费量、能源消费弹性系数和中国对外石油依存度来表示。

表5-3　中国历年石油消费量（单位：亿吨）

年度	1990	2000	2010	2012	2013	2014	2015	2016	2017	2018
一次性能源消费	6.832	10.079	24.911	27.974	29.053	29.706	30.059	30.53	31.401	32.45
石油消费	1.129	2.242	4.485	4.871	5.081	5.28	5.618	5.787	6.1	6.25

资料来源：《BP 世界能源统计》。

人均石油消费量能够准确反映石油消费增长的情况，由于总人口的不断变化和总消费量的不断增长，用石油总量来反映存在一定的偏差，用人均石油消费量可以准确反映国内石油需求的变化情况。人均石油消费量，即中国每人每年石油总体的消费量，直接反映国内需求状况。中国对外石油依存度和中国原油进口量是石油对外依赖程度的体现，体现了中国的石油消费需求对从国外进口石油的依赖程度，可以从另一个角度来反映出中国历年石油消费需求的明显变化。

能源消费弹性系数能够反映一国能源消费需求的变化趋势，是指在某一统计期间一国能源消费平均增长率同其国民生产总值平均增长率的比值。用公式表达如下：

$$\xi = \frac{\overline{V_{EC}}}{\overline{V_{GDP}}} \qquad (5-1)$$

在式 5-1 中，ξ 表示能源消费弹性系数，$\overline{V_{EC}}$ 表示能源消费年平均增长速度，$\overline{V_{GDP}}$ 表示国民经济年平均增长速度。

中国对外石油依存度指的是石油总消费量中进口原油的比重，说明对进口原油的依赖程度，用以反映总的石油消费量中进口石油的占比。故选取上述指标来衡量中国国内石油需求量的变化。随着中国经济快速增长，中国石油进口量持续攀升，2016 年达到 3.56 亿吨，而在 2017 年突破 4 亿吨，2018 年达到 4.4 亿吨，超越美国成为全球最大的石油进口国。随着在石油领域对外投资合作的不断加强，中国从"一带一路"沿线国家的石油进口量不断增长，与此同时，为实现石油进口多元化，中国从非洲、南美的进口量也将进一步增加。

5.1.2.3 国内石油产业环境

一国某个产业在国际竞争中能否取得成功，该国的国家竞争优势发挥着决定性的作用，按照波特（Poter）的钻石模型，其取决于要素禀赋、需求状况、产业发展的环境和企业战略与竞争者，这四个要素形成一个相互联系和促进的系统，并最终形成国家竞争优势。而石油产业有其区别于其他行业的特殊性，是具有较高进入门槛的垄断性行业，一直以来都拥有丰富的要素资源。同时，我国石油的消费量呈逐年大幅度上升趋势、国内生产难以满足需求，资产规模管理规模、管理水平可以反映出石油产业规模和发展水平，由于中国石油企业固定资产投资是反映石油企业固定资产投资性质、规模变化的综合性指标，基于波特模型结合中国石油业发展的特点及数据的可得性，选取石油企业固定资产投资和石油开采业全社会固定资产两个指标来衡量石油行业发展状况。

5.1.2.4 经济环境影响

一个国家的对外直接投资的能力、意愿与规模和这个国家的宏观经济发展状况高度关联，其规模与该国的人均 GDP 呈正相关关系，本书选用人均国内生产总值（人均 GDP）用以衡量投资母国的宏观经济发展水平。人均 GDP 也是最重要的宏观经济指标之一。

汇率的变动直接会影响到贸易收支、进出口、对外贸易、本国及国际经济的方方面面，是经济环境变化的重要指标，而目前美元作为国际石油贸易的主要结算货币，并与国际石油价格关联性较强，故本书研究选用美元兑人民币的直接汇率作为经济环境影响的指标。

中国石油企业投资收益是衡量石油企业所处经济环境的另一个重要指标，它直接反映石油行业整体市场状况，是中国石油企业的对外直接投资利润状况的表现。中国石油对外投资的主要目的是解决国内资源供不应求的问题，同时兼顾企业自身的可持续发展。由于中国主要对外投资的石油企业为中国石油、中国石化、中海油三大企业，故此衡量指标主要是以三大石油企业对外直接投资利润总和进行计算处理。

社会融资增量外币贷款作为另一个经济环境指标，是由于石油企业对外投资所获得的外汇可直接偿还外币贷款，具有贷款期限长、贷款利率低等优点，是石油企业对外投资的重要资金来源之一，直接影响到石油企业对外投资行为。

5.1.2.5 石油价格

中国石油价格已经和国际接轨，国际石油价格的波动频率和幅度近年来较为频繁，直接影响到石油企业的对外直接能力和投资意愿。由于国际石油贸易量的

50% 以上是以布伦特原油价格为结算依据，布伦特原油价格是全球石油交易中广为接受的基准价格，鉴于其在目前国际石油市场中的重要影响，本节国际石油价格数据来自于布伦特原油价格。

5.1.3 指标分类原理

经济环境、产业环境、国内供给、国内需求以及石油价格五个方面作为研究的解释变量，其指标体系如表 5-4 所示。研究选择由吴琼（2005）提出的全排列多边形图示指标法，该方法在有关生态评价的研究中受到较为广泛的关注和普遍应用，其原理具有通用性，也可以应用到其他更多行业和领域。同时，借鉴李鹏飞（2013）改进加入秩系数的方法，可有效放宽指标独立性的要求。

表5-4　中国石油企业对外投资影响因素指标体系

	指标	
经济环境	人民币兑美元汇率	Eco
	人均GDP	
	中国石油企业投资收益	
	社会融资增量外币贷款	
产业环境	石油开采业全社会固定资产	Dee
	石油企业固定资产投资	
国内供给	原油年产量	Sup
	石油采储比	
	当年新增探明地质储量	
国内需求	人均石油消费量	Dam
	中国对外石油依存度	
	能源消费弹性系数	
	原油进口量	
石油价格	国际原油价格	Cost

5.1.3.1 全排列多边形图示指标法

全排列多边形图示指标法的形象表述如图 5-1 所示。

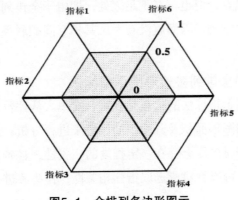

图5-1　全排列多边形图示

设共有 n 个指标（标准化后数值 S_i），在这些指标中选定其中的最大值，围绕一个中心，并以这些指标的最大值作为半径，可以构成一个 n 边形的规则图形，记为 Q。

然后用各指标的取值，围绕一个中心，可以构成一个 n 边形的不规则图形，这个不规则图形的顶点是由这 n 个指标首尾相接形成的全排列，n 个指标总共可以构成 $\dfrac{n(n-1)}{2}$ 个不同的不规则 n 边形，综合指数定义为所有这些不规则多边形面积的均值与 Q 的面积比值，可以用式 5-2 表示。

$$S = \frac{\sum\limits_{i \neq j}^{i,j}(S_i+1)(S_j+1)}{2 \times n \times (n-1)} \tag{5-2}$$

在式 5-2，S 表示企业的核心竞争力。如果标准化指标 S_i 位于区间 $[-1,1]$，中心点表示 $S_i = 1$，顶点表示 $S_j = 1$。中心点到顶点的线段为各指标标准化值所在区间 $[-1,1]$，而 $S_i = 0$ 时构成多边形为指标临界区。在临界区以内表示指标的标准化值在临界值以下，在临界区以外则表示指标的标准化值在临界值以上。临界值以下为负值，以上为正值。

与常用的线性加权法进行比较，应用全排列多边形图示指标法进行分析的特点，是它只需要给出不同指标的评价标准，根据分析的需要来确定该指标制的上限、下限和临界值，通过全排列多边形图示指标法分析有以下 3 个优点：

①具有几何图形直观清晰、一目了然、便于进行分析解释；

②运用代数解析计算，运算过程简单方便；

③不需要采用专家主观评判权的系数来分析，这样就使主观随意性对于分析结果的干扰和影响程度大大降低。

虽然存在上述优点，但也存在不足之处，即由于全排列多边形图示指标法认为各个指标是相互独立的，因而就没有考虑其相互间的联系，故用正多边形的图形来表示。

5.1.3.2 改进的全排列多边形图示指标法

全排列多边形图示指标法的优点是直观、简单。从评价函数来看，全排列多边形图示指标法是用图形面积及其面积的比值来进行分析，其实质是线性组合形式。但由于指标之间有可能会存在一定程度的相关性，且各自相关性可能会存在较大的差异。因此，可以针对所选取指标相关性，作为改进该方法应用的一个有效途径。

一个指标体系之间的各个指标之间总是会存在着或多或少的关联性，尤其是研究对象在一定的局限范围内时，指标的关联性很难避免。在评价模型中，可以采用相关系数来衡量指标之间的相关性。在不考虑相关系数变化程度的前提下，秩相关系数可以反映出变量之间存在的某种相关性，因此，在下述分析中采用秩相关系数来衡量指标之间的相关程度。

如果考虑两个指标间存在一定程度的关联性或者说是存在一定程度的重复，对应三角形面积可以用式 5-3 来表示。

$$\frac{1}{2}s_i \cdot s_j \cdot \sin\left[\frac{2\pi}{n}(1-|r_{ij}|)\right], \quad n \geqslant 4 \qquad (5\text{-}3)$$

三角函数 $\sin x$ 在 $\left[0, \frac{\pi}{2}\right]$ 范围内为递增函数，秩相关系数加入以后，也还要考虑指标之间可能会存在负相关的情况。如果两个指标的相关性越高，则它们所组成三角形面积就会越小。

从 n 个指标中任意选取 2 个指标，总共有 $C_n^2 = \frac{n(n-1)}{2}$ 种选法。最满意的理想指标所围成的正多边形面积为

$$\frac{1}{2}\sin\left(\frac{2\pi}{n}\right) \cdot \frac{n(n-1)}{2} \qquad (5\text{-}4)$$

用某一分析研究对象所选取的各个指标标准值，所围成不规则多边形面积可以用式 5-5 来表示。

$$\sum_{i-2}^{n}\sum_{j-1}^{i-1}\frac{1}{2} \cdot s_i \cdot s_j \cdot \sin\left[\frac{2\pi}{n} \cdot (1-|r_{ij}|)\right] \qquad (5\text{-}5)$$

因此，其综合评价值可以用式 5-6 表示。

$$\frac{\sum_{i-2}^{n}\sum_{j-1}^{i-1}\frac{1}{2} \cdot s \cdot s \cdot \sin\left[\frac{2\pi}{n} \cdot (1-|r_{ij}|)\right]}{\frac{1}{2} \cdot \sin\left(\frac{2\pi}{n}\right) \cdot \frac{n(n-1)}{2}} \qquad (5\text{-}6)$$

根据此综合评价值，可以对评价对象进行量化评价。

5.2 基于投资母国因素的实证分析

5.2.1 描述性统计分析

由于变量量纲不同，采用多边形图示指标法中标准化后的指标进行折线图描述性统计，一方面有利于衡量趋势，并且提高了指标的敏感性。变量描述性统计如表5-5所示。

表5-5 综合指标描述性统计

指标属性	分类指标	变量指标	中位数	最小值	最大值	平均值	标准差
被解释变量	Ofdi		32229.50	54022.24	164679.0	50386.14	51391.84
解释变量	Eco	Er	0.145190	0.120820	0.162790	0.141260	0.017018
		Pcgdp	25171.50	9506	49992.00	27353.29	14117.85
		Pro	1073950	97419.00	4732085.	1379825.	1294135.
		Fel	2116.00	−6427.00	9266.00	3052.42	3952.80
		合并指标	0.02934	−0.25403	0.12590	0.00690	0.09900
	Dee	Pei	1005.500	158.0000	2695.000	1212.214	925.9142
		Gt	2733.300	644.5600	3947.900	2421.476	1070.778
		合并指标	0.335889	−0.11096	1.00000	0.40451	0.33799
	Sup	Ano	1.895000	1.570000	2.130000	1.913571	0.167084
		Mrt	15.41000	13.60000	17.36000	15.41214	1.175246
		Nre	11.12500	8.000000	15.22000	11.15571	1.946605
		合并指标	−2.44158	−16.8051	66.4025	14.9380	30.2345
	Dam	Oc	1.587300	1.076700	2.231100	1.660243	0.355812
		Oilr	50.55000	32.81000	60.60000	49.73643	8.614449
		Eec	0.650000	0.140000	1.670000	0.749286	0.468984
		Import	24328.95	10269.30	38824.30	25039.43	9020.683
		合并指标	−0.00301	−0.10420	0.03672	−0.02207	0.03736
	Cost	Op	68.76500	25.02000	38824.30	71.82357	30.29560

5.2.1.1 经济环境

人民币在2000—2016年17年间虽有波动但总体持续升值，人民币兑美元汇率标准差较小，总体平稳，波动不大。

从图5-2可以看出，在所有指标中人均GDP在17年间持续呈现较快的上涨趋势，从2000年的7940元持续上涨到2016年的55412元，标准差较大；石油企业投资收益Pro表示石油企业投资收益率，用以反映石油企业投资的收益能力，当该指标值较低时，说明石油企业应改善对外投资结构和投资项目，以改善其投资效益。如果石油企业投资收益率保持着较高的增长水平，对石油企业的对外投资会有刺激作用。社会融资增量外币贷款在 17 年间波动较大，趋势不明显，标准差较大。

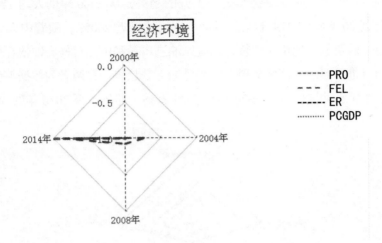

图5-2　经济环境指标变化

　　由图 5-3 所示，我国石油企业收益总体呈上升趋势，标准差较大，数据弹性较高，主要是 2014 年国际石油价格大幅下跌后对石油企业收益产生明显的影响，呈现大幅下跌。

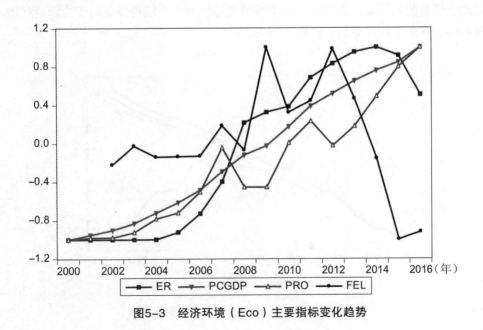

图5-3　经济环境（Eco）主要指标变化趋势

5.2.1.2 国内需求

从图 5-4 可以发现在 2000—2016 年这 17 年间，中国石油人均消费量随着中国经济的快速发展呈现持续显著上升的趋势，从 2000 年的人均 178 千克油当量上升到 2016 年的 419 千克油当量，涨幅快接近 240%；随着中人均石油消费量和总体消费水平的快速增长，相应原油进口量和中国对外石油依存度也都反映出中国对进口石油的依赖呈现十分明显的上升趋势，且两者的数据整体标准差都较大，中国石油进口量从 2000 年的 7027 万吨一路飙升至 2016 年的 38101 万吨。

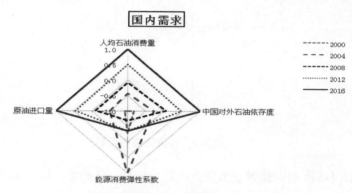

图5-4　国内需求指标变化

从图 5-5 可以明显发现中国能源消费弹性系数波动较大，2013 年以来所呈现出的下降趋势较明显，说明当经济增长增速趋缓和产业结构调整对于能源消耗增速的降低产生了明显影响，标准差较大。

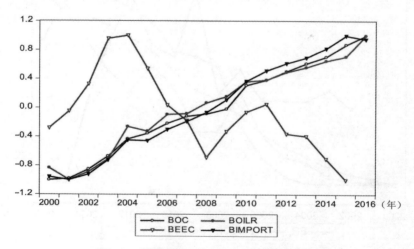

图5-5　国内需求（Dam）主要指标变化趋势

5.2.1.3 国内供给

从图 5-6 分析可得中国原油年产量在 2000—2016 年一直整体平稳上升，从 2000 年的 1.63 亿吨缓慢上升，到 2015 年到达峰值 2.13 亿吨，2016 年开始下降，当年产量为 1.98 亿吨，但标准差较小，上升幅并不大；中国近年来一直加大了对于科研的投入力度，石油开采技术不断取得进步，水平井得以大面积应用推广，以及针对不同地质特征，研究出多种提高采收率的技术方案，如中国石油长庆油田对已发现油层主要位于三叠系及以上地层，由于地质构造演化和沉积成岩作用形成了以长石砂岩、岩屑长石砂岩为主的中生界特低渗透砂岩储层，具有岩性致密、渗流阻力大、天然能量不足、单井产量低、递减速度快的特点，一次采收率仅为 8% ~ 10%。为了提高单井产量和最终采收率以及油田的开发效益，中国石油历时 5 年进行超前注水开发技术攻关和实验，使得单井产量提高 20% ~ 30%，采收率也得以大幅提升。总的来讲，中国石油企业近年来注重油田开发技术的研究，石油采储比虽然一直呈现一定的波动，但总趋势是稳步上升，这也说明中国石油企业对于科研的投入和取得油田开发技术的进步起到了明显的作用。

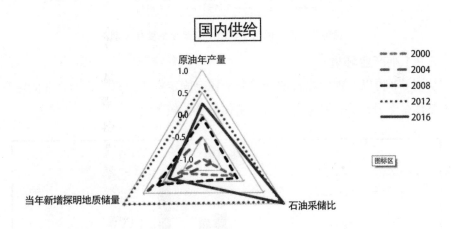

图5-6　国内供给指标变化

从图 5-7 可以看到中国新增探明储量呈现出明显的波动，2008 年开始，中国新增探明地质储量开始趋于稳定，保持在 10 亿吨以上，并呈现上升势头，2012 年达到峰值，当年新增探明地质储量为 15.22 亿吨，2013 年下降幅度较大，当年新增探明地质储量仅为 10.83 亿吨，2015 年之后呈下降趋势。由于新增探明地质储量呈下降的趋势，这也是 2015 年后中国石油产量由于缺乏资源支撑，造成石油资源接替能力不足，难以弥补自然递减，这是石油产量开始下降的一个主要原因。

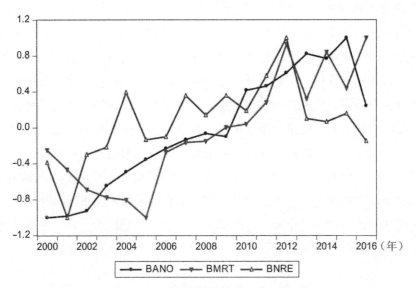

图5-7　国内供给（Sup）主要指标变化趋势

5.2.1.4 产业环境

从图 5-8 可以发现中国石油开采业全社会固定资产投资与石油企业固定资产投资整体呈上升趋势，且增量可观，整体标准差较大。

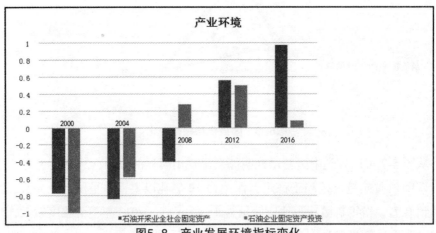

图5-8　产业发展环境指标变化

从图 5-9 可以看到随着中国对于石油需求量的不断增加，为了满足国内石油需求，加快石油资源开发进度、提高石油产量，中国石油企业对于固定资产的投入从 2000 年开始到 2015 年一直呈现大幅上升的势，2016 年才开始下降，而在同期间石油开采业全社会固定资产投资额呈现出一定的波动，由于中国石油资源长期以来一直处于垄断经营，社会资本很难直接进入石油资源勘探开发的上游领域，2010 年 5 月 13 日，国务院发布了《关于鼓励和引导民间投资健康发展的若干意见》，即 "新 36 条"，首次明确鼓励民营资本进入六大领域，其中重点包括石油领域对民营资本的开放，在 2009 年石油开采业全社会固定资产投资额为 1271 亿元，到 2014 年达到 2695 亿元峰值，之后进入稳定期，2016 年为 2649 亿元。石油探明储量增长的不足和 2014 年国际石油价格大幅下跌造成石油企业效益的普遍降低，使石油企业的投资意愿和投资能力受到限制，中国石油企业在国内固定资产投资近年来呈现出明显下降的趋势，说明由于中国国内石油资源储量的限制，以及中国石油企业实力的不断增强和产业政策的调整导致行业竞争程度的加剧，因此，在国内石油市场和石油投资环境中，中国石油企业在石油资源勘探开发上游领域的投资空间已显不足。

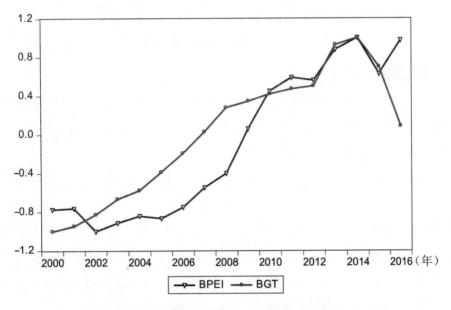

图5-9　产业环境（Dee）主要指标变化趋势

5.2.1.5 石油价格

影响国际石油价格的国际石油市场很多，各个国家为了自身利益都争取在国际石油市场的话语权。目前，在国际石油市场上具有影响力的主要有美国西得克萨斯中质原油(WTI)、北海布伦特原油（Brent）、迪拜原油（Dubai）和OPEC一篮子参考油价（OPEC Reference Basket）。其中，布伦特原油价格在国际原油贸易中占有重要地位。由于影响石油价格的因素极为复杂，导致国际石油价格整体波动很大，并趋势呈现明显震荡波动，2000—2016年布伦特原油季度价格曲线如图5-10所示。

图5-10　国际石油价格（Cost）走势图

5.2.2 模型设定

影响石油企业对外直接投资的因素包括经济、政策等方面，并且各因素对石油企业对外投资影响的方向和程度是各不相同的，可分为企业内外两部分，针对前述问题，分别建立了以下模型：

$$Ofdi = \beta_0 + \beta_1 Eco_t + \beta_2 Dee_t + \beta_3 Sup_t + \beta_4 Dam_t + \beta_5 Cost_t + \mu_{it} \qquad (5\text{-}7)$$

其中，下角标 t 代表时间，$t=1,2,3,\cdots,17$。其中 β_0 和 μ_{it} 分别代表常数项和随机误差项。根据前文指标分类，因变量 $Ofdi$ 代表中国石油企业对外投资的规模，控制变量 Eco 代表国内经济环境、Dee 代表石油产业环境、Sup 代表国内石油供给、Dam 代表国内石油需求、$Cost$ 代表石油价格。

5.2.3 实证检验

5.2.3.1 膨胀方差因子分析

由于本书涉及的解释变量较多，彼此之间存在较高的相关性，难免引起解释变量的多重共线性。因此选用多边形图示指标法聚类数据，再进行多重共线性检验。经验相关系数 > 0.8 或膨胀方差因子 $VIF > 10$，则可怀疑解释变量存在多重共线性，本书相关性检验及多重共线检验结果如表 5-6、表 5-7 所示，解释变量间无明显多重共线。

表5-6　变量相关性分析

变量	Ofdi	Eco	Dee	Sup	Dam	Cost
Ofdi	1					
Eco	−0.55267	1				
Dee	−0.059897	0.234602	1			
Sup	0.945861	−0.462786	0.180381	1		
Dam	−0.230305	0.251295	−0.358522	−0.302029	1	
Cost	0.55804	0.183974	−0.266513	0.47087	0.096734	1

表5-7　多重共线性检验

VARIABLES	变量	VIF值	1/VIF值
ECO	经济环境	4.142	0.2414
DEE	行业发展环境	1.118	0.8945
SUP	国内供给	2.58	0.3876
DAM	国内需求	2.729	0.3664
COST	价格因素	1.276	0.7837

5.2.3.2 回归分析

本书使用 Eviews7.2 统计软件对模型进行数据分析，对所有变量进行多元回归分析，结果详见表 5-8。

从回归的基本模型看，虽然有两个分类变量的 t 统计量值不显著，但这并不影响分析的结果，调整后的 $R^2 = 0.94$，模型的拟合程度较高，说明整个回归方程拟合较好。此外，回归方程的 F 统计量的概率 Prob(F-statistic)=0.000 < 0.05，故在 95% 的置信水平下，认为模型总体显著。因此，可以用这些分类变量解释中国石油企业对外直接投资区位选择的影响。

表5-8　回归统计结果

检验统计量	
R^2	0.901751
Asjusted-R^2	0.857092
观测值	—
F值	20.192
Prob(F-statistic)	0.000033
Durbin-Watson stat	1.718669
Sum squared resid	0.269025
Akaike info criterion	0.482542
Schwarz criterion	0.776617
Hannan-Quinn criter	0.511774

为了防止伪回归，数据分析之前需对变量进行单位根检验，检验序列的平稳性。检验结果如表5-9所示。

表5-9　单位根检验

变量	ADF统计量	5%临界值	10%临界值	p值	结果
Ofdi	−0.15153	−3.081	−2.68133	0.9261	不平稳
Eco	−4.28441	−3.0989	−2.69044	0.0061	平稳
Dee	−2.33253	−3.081	−2.68133	0.1752	不平稳
Sup	−3.89214	−3.11991	−2.7011	0.0133	平稳
Dam	−2.70614	−3.06559	−2.67346	0.0945	平稳
Cost	−1.45555	−3.06559	−2.67346	0.5292	不平稳
DOfdi	−2.78316	−3.14492	−2.71375	0.0896	平稳
DEco	−3.63628	−3.11991	−2.7011	0.0207	平稳
DDee	−2.72933	−3.0989	−2.69044	0.0937	平稳
DSup	−3.86941	−3.75974	−3.32498	0.0418	平稳
DDam	−2.59356	−1.96627	−1.60503	0.0134	平稳
DCost	−3.3171	−3.081	−2.68133	0.0327	平稳

注：D表示一阶差分。

5.2.3.4 协整检验

本书采用基于回归残差的协整检验，通过检验残差 et 平稳性从而判断变量的协整性。检验结果如表5-10所示。

表5-10　单一方程的协整检验

变量	ADF统计量	1%临界值	5%临界值	p值	结果
et	−3.41851	−2.71751	−1.96442	0.002	平稳

综合上述检验结果，最终确定模型如下：

$$Ofdi = -0.4 - 1.76Eco_t - 0.16Dee_t + 0.02Sup_t + 0.06Dam_t + 0.22Cost_t + \mu_{it}$$

$$(5-8)$$

5.2.4 结果分析

（1）从 F 取值来看，本文选取的经济环境、产业环境、国内供给、国内需求以及石油价格五个方面分类变量综合起来对被解释变量，即中国对外石油投资存在显著影响。

（2）从 $R^2 = 0.86$ 来看，表明整个模型拟合较好。

（3）从回归结果看 Eco、Sup、Cost 分别的 t 检验显著，对被解释变量有着明显的影响。

经济环境（Eco）：中国近年来人均 GDP 增长迅速，中国一次性能源消费不断增加，国内产能已远远无法满足实际需求，而完全进口受到国际油价波动影响较大，同时会受到各种不确定性因素的影响也多，同时随着中国石油企业的发展，整体实力已经进入国际石油企业第一梯队，有足够的实力参与国际石油市场的竞争。随着技术水平的进步和管理能力的提升，中国石油企业的收益也具备了对外进行投资的基础。加之长期以来中国贸易顺差所带来的外汇储备为对外投资提供了融资的便利性，增加对外投资也是平衡国际收支的一个重要途径。人民币近年来持续升值，但总体还是较为稳定，并未构成环境变化的主要因素，而石油企业的国内收益增加也会增强其对外直接投资的能力。

产业环境（Dee）：作为国民经济的重要支柱和基础产业，石油行业高投入、高风险、高回报一直以来就对各种资本具有强大的吸引力，石油企业为了维持其优势地位以及企业规模扩大带来的维持正常生产的必要投入，使中国石油企业的固定资产投入从 2000 年以来呈现出快速增长的势头，加之石油行业逐步对于民营资本的放开，石油开采业全社会固定资产投资额从 2010 年政策松动开始呈现大幅度上升，从 2000 年 365 亿元到 2007 年的 586 亿元，2010 年大幅增加到 1798 亿元，2016 年达到了 2649 亿元，不断大幅增加的石油开采业国内固定资产投资，加之中国石油企业国内固定资产的投入增多在一定程度上会直接影响中国对外石油直接投资的减少，但由于中国庞大的市场容量、企业规模以及资本的逐利性，以及投资长期效应，在一定的外部环境下，会弱化负向的影响。

国内供给（Sup）：国内石油供给量虽在持续增加，但远远难以满足需求的增加，中国石油探明地质储量近年来没有较大的突破，随着科研投入的增加和技术的进步，储采比虽然在不断提高，但是国内探明石油储量增长有限，石油开发生产中的新增产量不足以弥补正常递减。由于中国国内石油资源基础已经难以维持产量的持续增长，中国石油产量在 2015 年达到高点后，开始呈现较快的下降趋势，这也决定了要保证国内石油的消费需求，维持和增加中国石油企业的生产能力，势必要增加对外投资和扩大对外合作，而对外投资的目标区位就是石油资源的富集区。

国内需求（Dam）：中国石油企业对外直接投资合作的规模除了与其石油进口规模直接存在相互作用外，还会受到国内其他相关各种复杂因素的影响，表现出来中国对外石油投资规模和石油进口量之间并未呈现出相同的变化趋势。中国对外石油投资合作与中国石油进口量、对外石油依存度之间影响存在一定的时滞，而非当期即产生显著影响。随着中国产业转型升级和技术水平的进步，能源消费弹性系数不断降低，同时，中国本身就是世界最主要的石油生产国，近年来日产量维持在 3500～4000 千桶高位，位于美国、沙特阿拉伯、俄罗斯、伊拉克、伊朗、加拿大和阿联酋之后，是全球第八大产油国。2018 年中国完成油气地质勘查投资 636.58 亿元，完成钻探井 2955 口，均呈增长态势，也不断取得新的储量发现。储备原油 3300 万吨以上，也具有一定的市场供给调节能力，加之中国石油企业对外直接投资是一项长期的企业发展战略，因此中国国内石油需求对于中国石油企业的对外投资合作影响并不显著。

石油价格（Cost）：国际原油价格上升时，由于国内供给不足以满足需求，石油企业原本依赖直接进口的成本大大提高，加之石油输出国组织对国际石油价格的干预，石油企业被迫选择对外直接投资来降低成本、摆脱贸易限制，通过扩大企业边界实现内部化优势，从而降低石油供给的成本，国际油价下跌时，对于海外石油资产的收购成本降低，可以根据中国石油企业的国际化发展战略进行海外石油资产的收购。

5.3 本章小结

本章从国内影响因素的研究视角出发，结合石油行业的特点，借鉴已有研究成果，针对中国石油企业对外投资区位选择的主要因素，选取具有一定代表性和可量化的指标进行综合分析，并应用全排列多边形图示指标法将主要影响因素分为经济环境、产业环境、国内供给、国内需求及石油价格等五个方面。

在实证分析中，通过设定计量模型进行了实证分析，首先选用多边形图示指标法聚类数据，后进行多重共线性检验，再进行多元回归分析，结果显示中国经济快速发展过程中石油供给缺口越来越大，石油企业实力的增强使中国对外石油投资规模不断加大。中国的经济环境、国内石油供给和石油价格对于中国对外石油投资合作有着显著的影响，而产业环境和国内石油需求对于中国石油企业对外投资的影响不显著，但由于中国庞大的市场容量、企业规模以及资本的逐利性，以及投资的长期效应，会增加中国石油企业对外直接投资的动力。

第6章 基于东道国视角下区位选择影响因素的实证分析

"一带一路"倡议的提出与实施，是中国应对全球经济发展低迷，实现自身经济转型与产业升级，并积极融入国际社会的重要发展举措。"一带一路"沿线各个国家的石油资源储量分布各不相同，与中国经济互补的领域与互补程度各不相同，中国对沿线各个国家投资合作的重点领域也各不相同，其中对石油领域的投资合作是投资规模最大、也是最为重要的产业领域。中国石油企业对外直接投资主要动因是寻求资源，也会兼顾寻求市场和寻求战略资产。本章主要根据中国石油企业对外投资区位选择的决定因素从东道国的视角，选取具有一定代表性和可量化的指标进行实证分析。

6.1 资源储量与研究假设

6.1.1 "一带一路"沿线国家石油资源储量分析

"一带一路"沿线的中东、中亚石油资源国及俄罗斯都是全球目前主要的石油出口来源地，也是目前世界探明石油储量的地区中，石油分布最为富集的区域。根据《2016 年世界能源统计年鉴》数据，其石油探明储量占世界总量的 60% 以上，"一带一路"国家分区域的石油探明储量如表 6-1 所示。同时，由于"一带一路"区域中的中东、中亚和俄罗斯等地的石油生产和出口量巨大，是世界主要石油生产和输出地，并且还有着较大的产量提升空间，也是中国石油进口最主要的来源地。

表6-1　"一带一路"国家分区域的石油探明储量

区域	已发现石油可采储量		预期可发现石油储量（均值）	
	亿吨	占比（%）	亿吨	占比（%）
中东	1407.1	69.1	150	42.7
俄罗斯	376.2	18.5	94.5	26.8
中亚	113.4	5.6	43.1	12.2
东南亚	78.3	3.8	41.2	11.7
南亚	18.8	0.9	8.6	2.4
欧洲	21.4	1	3.4	1.4
其他	21.2	1	11.5	3.3
"一带一路"国家合计	2036.3	100	35.3	100
占全球份额	66%		32%	

资料来源：世界能源统计年鉴

从表中可以看出，世界各个地区、国家石油储量分布极为不均。"一带一路"国家分区域石油资源分布情况如下所述。

6.1.1.1 中亚国家石油资源

中亚国家包括哈萨克斯坦、土库曼斯坦、塔吉克斯坦、乌兹别克斯坦和吉尔吉斯斯坦，中亚也是世界上油气资源富集区域之一，是当前世界上重要的石油生产和出口地区。其中石油资源主要分布在哈萨克斯坦、土库曼斯坦和乌兹别克斯坦，上述5个国家探明石油储量177亿吨，以中国石油为主要投资主体的中国石油企业在中亚五国运作超过20个油气合作项目，形成年产量超2500万吨的生产能力。中亚国家由于社会经济发展程度不高，生产力水平相对较低，石油资源勘探开发能力和工艺技术水平不高，石油业是其国民经济支柱产业，对外国石油资本持开放的态度。中亚各国自苏联解体独立后处于社会转轨阶段，各国之间关系、国内制度都存在一定的不确定性，但从总体上来看政治上还是具有相对的稳定性，尽管市场经济体制已经推行实施了多年，但政府对经济的控制程度依旧较高，尤其对其经济支柱油气产业的生产控制较强。

6.1.1.2 东盟、南亚国家石油资源

东盟国家中印度尼西亚、马来西亚、泰国、文莱、缅甸和越南有一定的石油资源。新加坡则由于其扼守着马六甲这个全球重要石油海运通道的特殊地理位置，以及其是国际主要金融中心，也拥有大型石油炼化企业，因此在国际石油贸易中也有着一定的影响力。东盟石油探明储量26亿吨，与中国基本相当，年产

石油 1.58 亿吨。印度尼西亚和马来西亚近年来石油工业获得了长足的发展，马来西亚石油公司在国际市场中也较为活跃。印度尼西亚和马来西亚也是西方石油公司较早进行石油资源勘探开发的地区，这些国家石油开发生产的国际化程度很高，如壳牌集团的亚太运营中心就设在马来西亚的米里。作为"一带一路"的重要合作区域，中国与东盟大多数国家有着良好的关系，经贸往来密切，中国对东盟进行了的大量直接投资，中国石油企业也已经开展了石油及其相关项目的投资合作，并且随着"一带一路"的建设的推进而不断加强。

南亚国家属于石油资源贫乏的区域，仅印度有一定的石油资源储量，但其也需要大量进口石油来满足国内需求，在该区域石油开发生产领域没有投资合作的资源基础。

6.1.1.3 中东、西亚国家石油资源

中东、西亚地区是世界上油气资源最为富集的区域，也是世界石油出口最集中的区域，因而成为国际大型跨国石油企业竞相投资的重点区域。中东地区探明石油储量约为 1070 亿吨，占全球已探明石油储量的一半以上。相对于石油资源的丰裕，中东、西亚地区主要石油生产国的石油技术、生产工艺、设备制造和开发能力却比较落后。随着国际石油供给长期预期的不足，及该区域国家经济发展对于石油资源严重依赖，石油资源的开发生产在该地区石油国家的社会经济生活中发挥着至关重要的作用。在"一带一路"倡议实施的背景下，中国与该区域相关国家在能源领域的合作不断得以加强。近年来，相关国家政府对于本国石油资源管控力度和生产开发过程中管理程度都在逐步提高，加之该区域长期以来存在复杂的地缘政治关系和宗教极端势力，使在该区域投资存在较大的风险。

6.1.1.4 独联体国家石油资源

独联体国家中俄罗斯石油工业无论是从勘探开发技术、还是生产水平都比较高，是世界上最主要的石油生产和出口国，有大量的国外石油公司在其境内投资进行石油资源的合作开发，俄罗斯同中国建立了战略合作伙伴关系，并在油气领域具有广泛、全面和深层次的长期合作关系。阿塞拜疆位于里海边，继承了苏联时代的石油工业的遗产，曾经是苏联主要的石油产区，中国石油、中国石化近年来参与阿塞拜疆部分石油项目的开发。其他独联体国家则在石油领域不具备吸引外国投资的优势。

6.1.2 研究假设

"一带一路"沿线国家已经成为中国石油企业的主要投资目标区域。作为关系国计民生重要的战略资源，石油不仅关系国内经济建设，同时与"一带一路"建设、人民币国际化的推进及中国在国际话语权的增加等都有直接的关联，也是中国对外直接投资金额最多、影响最为广泛的产业领域之一。中国石油企业对外直接投资主要动因是寻求资源，也会兼顾寻求市场和寻求战略资产。因此，从实际出发可以提出关于中国石油企业对外直接投资的区位决定因素的五点假设。

6.1.2.1 石油资源储量的丰裕度

中国石油企业发展经历了从"引进来"到"走出去"的历程。20 世纪 80 年代初，为了追赶与世界石油工业先进技术的差距，中国采取"引进来"的策略，壳牌、埃克森美孚、BP、雪佛龙等国际大型石油巨头带着先进的管理经验和勘探开发技术进入中国市场，同时还有大量中小石油企业如洛克石油公司、BECKBURY 国际有限公司、路易斯安那勘探公司、阿帕契公司、盛业石油集团有限公司于，它们中国石油企业展开了紧密的合作，到 2015 年底共发放勘探许可证 1649 个，参与公司 48 家。同时国际知名的油气田开发技术服务公司斯伦贝谢、哈里伯顿、帕拉代姆等公司与中国石油企业进行了广泛的技术交流与合作，在较短的时期内，中国石油企业油气勘探开发技术和配套的技术服务水平取得了长足发展，在低渗透、超低渗透油藏开发等技术领域达到世界领先水平。以中国石油、中国石化、中海油为代表的中国石油企业综合实力进入世界前列。而经过几十年的开发利用，国内石油资源探明储量已无法为中国石油企业提供足够的投资空间，由于石油资源储量具有不可移动性，石油企业的生产经营活动要依据石油资源的分布而确定区域，加之中国对外石油依存度的不断提高，获取海外石油资源成为中国石油的必然选择。因而，石油资源禀赋是影响对中国石油企业对外直接投资区域选择的重要因素之一。因此，从资源寻求型对外直接投资的动因出发，决定了中国石油企业区位选择首要考虑的因素是东道国的石油资源禀赋。

假设 1：石油资源禀赋是吸引中国石油企业对外直接投资主要动因。

6.1.2.2 石油资源国的政治稳定性

政治风险是指海外投资者在东道国遇到政权更迭、社会动乱等非预期行为带来的某些不确定性风险。中国企业在对外开展投资合作时，经常会受到一些西方国家借安全的原因干预我国企业在当地进行正常的投资，设定投资限制。而部分发展中国家则会面临国内政治动荡、政治罢工、恐怖主义及战乱等巨大的投资风险。政治稳定度的高低可以直接反映出一个国家的社会经济秩序，政治稳定度低说明该国存在投资风险，会对外国投资者产生负面的影响，阻滞其投资的行为。政治稳定性高，则说明外国投资者所面临的政治风险则相对较小，有助于其作出对该国投资的决定。陈菲琼等（2012）利用面板数据和主成分方法分析，认为中国企业对东道国投资要从政治经济、社会文化等诸多方面防范风险。谢孟军（2013）使用2003—2011年72个国家或地区面板数据。从法律制度质量的角度实证分析了中国企业对外直接投资的动机，认为东道国完善的法制环境有较强的引力，东道国稳定的政治环境降低了外国企业在该国的投资风险。由于石油作为现代工业一种重要的基础性资源，往往会通过政策的传导与一个国家的政治发生高度的关联，因此中国石油企业在"一带一路"国家进行投资合作时，东道国的政治稳定性直接影响到中国石油企业经营的风险，如果资源国政治不稳定则会带来企业经营风险，因此，在确定对"一带一路"国家石油投资合作的区位选择时，还要考虑政治层面的影响因素。

假设2：中国石油企业对外直接投资倾向在政治稳定的国家。

6.1.2.3 中国与东道国的距离

投资国与东道国两个国家之间的地理距离也是影响对外直接投资的重要因素之一。一般而言，投资母国与东道国之间的地理距离远近，会直接影响到企业对外投资项目的成本高低。当两国之间的距离较近时，其相互间经贸往来会更加便利，当两国之间的地理距离较远时，相关物资运输和人员往来的支出就会比距离较近国家的高，同时相应运输途中的投资风险和成本会增加，企业的投资动机就会减弱。此外，在一定空间范围内国家距离的远近可以反映出两国间语言及文化、风俗习惯方面的异同。但是对于石油企业来讲，其本身就是大型跨国公司，具有强大的企业运营管理能力，石油投资项目本身具有高投入、高回报、高风险的特性，相对来说距离所产生的影响对于中国石油企业对外直接投资区位选择有着一定的影响，但是影响程度有限。

假设3：两国之间距离与中国石油企业对外直接投资呈正向关联度。

6.1.2.4 东道国的基础设施

"一带一路"沿线国家如果拥有较好的基础设施可以减少企业在这方面的相应支出，企业投资项目在生产经营过程中相应的效率会更高、成本会更低，故良好的基础设施会对投资者产生一定的吸引力。而在基础设施落后的国家和地区投资，企业为了便于开展生产经营，还要承担相关基础设施建设的支出，增加企业的负担。因此基础设施的完善程度对于企业进行对外直接投资的区位选择具有重要的决定作用，东道国的基础设施水平越高对于中国石油企业来讲越会增加投资合作的便利性。

假设 4：中国石油企业对外直接投资与东道国基础设施呈现正相关。

6.1.2.5 东道国劳动力成本

石油业属劳动密集、技术密集、资本密集型的产业，劳动力成本在石油项目运营支出总额中占有较大的比例。因此，劳动力成本具有相对比较优势的国家，也是构成了其区位优势的一个重要内容，较低的劳动力成本使企业在该国的投资项目会比在其投资母国或其他国家的预期获益可能性要更高。而克鲁格曼（Paul Krugman，1991）认为，外部规模经济会导致某一产业在特定区域内的聚集，进而使投资项目整体经营成本下降，因此跨国企业对外投资区位选择，也并不是将低工资水平作为唯一的考虑因素。目前关于东道国劳动力成本对投资影响的研究主要分为两种观点，一种观点认为，劳动力成本反映着东道国的发展程度和市场容量，二者之间存在正相关关系；另外一种观点是企业对外直接投资，一般是将生产转移到劳动力成本较低的国家。由于石油企业具有资本密集、技术密集、劳动力密集的特点，劳动力成本对于石油企业的总体成本控制有着较大的影响。因此以东道国的工资水平为劳动力成本的代理变量，可做出以下假设：

假设 5：中国石油企业对外投资合作的选择与东道国劳动力成本显著负相关。

6.2 基于东道国视角下决定因素的实证分析

6.2.1 模型设定和变量选取

20 世纪 80 年代以来，引力模型被广泛应用于国际投资、国际贸易等方面问题的研究，并较好地解释了现实中观察到的一些经济现象。在其基础上进行扩展，可构建如下面板数据模型：

$$\ln I_{it} = \alpha_0 + \beta_1 \ln O_{it} + \beta_2 \ln D_{it} + \beta_3 \ln IF_{it} + \beta_1 R_{it} + \beta_1 \ln L_{it} + \mu_i + \varepsilon_{it} \qquad (6\text{-}1)$$

其中，i 和 t 分别代表东道主国家和时间，$i=1,2,\cdots,20$，$t=1,2,\cdots,17$。其中 α_0、μ_i 和 ε_{it} 分别代表常数项、个体效应和随机误差项。根据前述假设，因变量 I 代表中国石油企业对东道国石油开发投资合作规模；控制变量 O 代表东道主国家石油储量；L 代表劳动力成本；R 代表东道主政治稳定性，即代表该国投资环境；IF 代表电话普及率；D 代表两国首都距离，相当于两国地理距离。为降低异方差性，上述模型中对 O、L、IF 以及 D 取了自然对数，R 并未取对数，因为其数据中含有负数，故直接选用。

6.2.1.1 变量选取

因变量，选用中国石油企业对东道国石油开发投资合作规模 I 作为被解释变量。一般来说，反映对外直接投资规模的有对外直接投资流量和对外直接投资存量，本模型利用对外直接投资存量作为衡量指标，同时，为消除多重共线性，以及使数据平稳，对 I 进行了取对数处理，其数据来源于历年的中国对外直接投资统计公报，由于中国对外非金融类直接投资中采矿业的投资存量占比，虽然近两年开始下降明显，综合中国对外直接投资中采矿业综合占比，加上有部分对外服务业投资最终也流向石油行业，本模型所采用中国石油企业对外直接投资数据按中国对外直接投资总额 15% 计算。

6.2.1.2 解释变量

（1）石油资源禀赋：选用东道国的石油资源探明储量来衡量石油资源禀赋，用石油储量来表示。中国石油企业的对外直接投资的根本目的就是获取石油资源，在企业获得石油资源可以规避国际石油价格大幅波动带来的企业经营风险，同时可以为企业可持续发展奠定资源基础，保障国家日益增长的能源需求，用 O 来表示。

（2）劳动力要素：劳动力成本是指企业因劳动力、劳动对象、劳动手段、雇佣社会劳动力而支付的费用及资金等，石油企业属于人力密集型的产业，劳动力成本在企业成本中占有一定的比重，劳动力成本实质上远远大于传统意义上企业以货币形式支付的雇员的工资或者薪金，还包括以物质形式表现的福利，如防寒降暑用品、节假日慰问品等的发放，以及非物质形式表现的社会保障、技术培训等费用的支出，因而石油企业由于产业特征决定了其技术专有性，加之流动性和野外作业的特征等使石油企业进行对外直接投资时不仅要支付高于一般传统产业的人员薪资，还要提供相应的技术培训，特殊防护以及保险保障等方面的费用支出。东道国的劳动力成本是衡量劳动力对于投资的主要影响因素，劳动力成本用东道国最低工资予以计算衡量，用 L 来表示。

（3）东道国投资环境:关于投资环境的测度研究,相关文献很多,王越（2016）从油气资源、政治环境、法规体系、基础设施、制度运营、经济环境及人文环境等方面进行了评价，去除重复和次要因素，东道国的政治稳定性是衡量可以衡量东道国投资环境的好坏的重要指标，稳定的政治环境可以保障企业对外直接投资的安全和预期的收益，使企业避免因政局动荡带来投资损失的可能性，用 R 来表示。

（4）基础设施水平：通常来说，东道国如果具有较为便捷的石油储运设施、完善的通信系统和电力系统等能降低企业的运营成本。衡量一国基础设施水平的一般指标有道路里程、电话普及率、互联网普及率、石油管网等，随着“一带一路”倡议的实施，中国与“一带一路”沿线国家之间的交通运输条件，包括中国与中亚输油管线的建设，中国与中东海运能力的加强，及瓜达尔港等一系列相关设施的建成运营对“一带一路”沿线国家基础设施带来极大的改善，基础设施的互联互通正在加速推进，同时这些设施往往由多个国家参与并利用，为研究的便利性，结合石油行业野外作业的特点和数据的可获得性，以及信息技术发展对于企业经营重要程度的增加，电话普及率更具有现实意义和代表性，因此本模型选用 F 来表示电话普及率，用以衡量“一带一路”沿线资源国基础设施水平。

（5）地理距离：以两国首都之间的距离来测度两国之间地理距离，两国之间的距离越短，人员交流、信息交流、文化交流就会更加便利，物资流通成本也相对会低，对于企业而言其对海外投资项目的控制力就越高。相比传统行业的企业而言，石油行业的企业规模、管控能力、技术专有性以及资源和政治因素重要性等对于距离所带来对外直接投资区位选择的影响程度相对较弱，本模型选用 D 来表示地理距离。

6.2.2 变量说明及数据来源

解释变量、被解释变量总体设置见表 6-2 所示。

表6-2 变量说明与数据来源

变量名称	指标名称	指标名称	单位	计算说明单位	预期符号	数据来源
中国对东道国石油开发直接投资规模	对外直接投资	ODI(I)	亿美元	中国对资源国OFDI存量的15%		中国对外直接投资统计年报
劳动禀赋	石油储量	Oi(O)	亿桶	东道国石油资源量	–	BP世界能源统计年鉴
劳动力要素	劳动力成本	LABC(L)	美元/月	东道国月最低工资	+	世界银行发展指标数据库
东道国投资环境	政治稳定性	Pisk(R)		政治稳定性特定指标	+	世界银行全球治理指标数据库
基础设施水平	电话普及率	Infra(IF)	个	每百万人固定电话拥有量	+	世界银行发展指标数据库
地理位置	首都间距离	Dist(D)	公里	直接测度得出北京与该国	–	根据地理数据计算所得

6.2.3 样本国家选取

根据样本的代表性和数据的可获得性，模型根据"一带一路"沿线各国石油资源储量的分布特性、区域影响力及其与中国经济关联度等原则，选取泰国、哈萨克斯坦、伊朗、沙特及俄罗斯等20个国家作为样本国家，具体样本国家如表6-3所示。

表6-3 样本包含的"一带一路"沿线20个国家

区域	国家
东盟	印度尼西亚(1)、泰国(2)、马来西亚(3)、文莱(4)
中亚	哈萨克斯坦(5)、乌兹别克斯坦(6)、土库曼斯坦(7)
独联体	俄罗斯(8)、阿塞拜疆(9)
南亚	印度(10)
西亚	沙特阿拉伯(11)、阿联酋(12)、阿曼(13)、伊朗(14)、埃及(15)、科威特(16)、伊拉克(17)、卡塔尔(18)、也门(19)、叙利亚(20)

2016年，这20个国家石油储量合计为9776亿桶，占全球总储量17067亿桶的57.3%，加上中国的石油储量占到全球总储量的58.79%。样本国家包含了沙特阿拉伯、俄罗斯、伊朗、伊拉克等世界上主要石油生产和出口国，同时，也包含虽然石油产量不高但在地区具有影响力的国家，并且和中国具有密切经贸往来如印度和泰国等国家。伊朗、伊拉克、俄罗斯等国家也都是中国石油企业投

资金额和投资合作项目数量较多的国家。20个样本国家在地域上覆盖了东南亚、中亚、中东、西亚等，如图6-1所示。

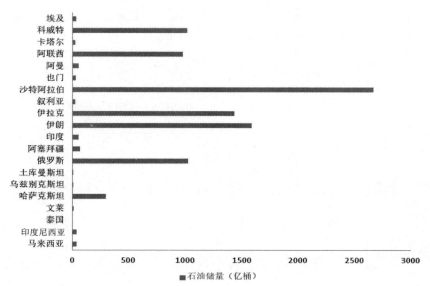

资料来源：BP世界能源统计年鉴。

图6-1　"一带一路"沿线20个国家的石油储量

中国石油企业对"一带一路"沿线国家的直接投资区位选择，其实质是通过中国石油企业资源配置决策实现预期利益最大化的过程。在这一过程中要充分考虑到石油行业具有区别与其他行业的一些特性，作为一种具有战略属性的特殊商品，石油受到资源国的政治、金融、经济、技术、基础设施以及与投资母国双边经贸关系等一系列因素的影响。因此，在数据选取上，样本选取考察国家2000—2016年期间的跨国面板数据。跨国面板数据有利于反映所选样本国家之间存在的异质性，同时还适合研究动态调整过程。

6.2.4 实证分析及讨论

6.2.4.1 变量描述性统计及变化趋势

各变量的基本统计描述如表6-4所示。从描述性统计可以看出，各变量的标准差远小于均值，说明各变量数据不存在极端异常值，除了东道国的投资竞争程度的标准差较大，离散程度也较大，其他变量的标准差都相对较小、离散程度相对较小。

表6-4　变量描述性统计

VARIABLES	变量	均值	标准差	最小值	最大值
$\ln I$	石油企业对外直接投资	5.550	1.557	2.303	7.439
$\ln O$	石油储量	4.529	1.961	1.253	7.890
$\ln D$	首都间距离	8.572	0.242	8.101	8.928
$\ln IF$	电话普及率	13.344	1.027	9.981	14.762
R	政治稳定性	-0.408	1.032	-3.185	1.400
$\ln L$	劳动力成本	4.066	0.334	2.989	4.589

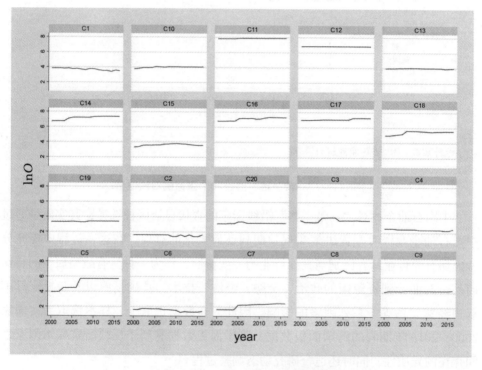

图6-2　2000—2016年各国石油资源储量变化趋势

图6-2给出了考察样本中各国2000—2016年期间各国的石油储量变化趋势。可以看到，2000—2016年期间，大多数国家石油储量水平都比较稳定。其中俄罗斯、沙特阿拉伯、阿联酋伊朗、伊拉克、科威特等几个全球最主要的石油生产国的储量一直处于较高的水平，由于国土面积大和地质地理等原因，近年来还不断有新的发现，使这些国家的石油储量还有小幅度地增加。哈萨克斯坦、土库曼

斯坦则由于原来探明面积有限，近年来随着石油勘探技术的进步和投入的不断增加，石油探明储量有较大幅度的增加。而印尼、泰国、乌兹别克斯坦和文莱等国由于没有新的发现，加上国土面积、地质地理以及现有油田开发时间较早、随着累计产出量的增加，其石油探明储量出现一定程度的持续下降。另外我们从图6-3可以看到，储量规模大的国家其石油资源储量一直保持在较高的水平、变化幅度不大。

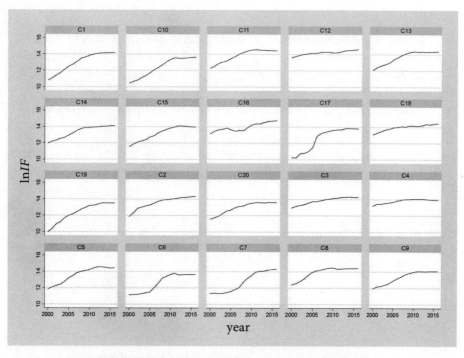

图6-3 2000—2016年各国基础设施水平变化趋势

图 6-3 给出了考察样本中各国 2000—2016 年期间各国的基础设施水平变化趋势。可以看到，2000—2016 年期间，各国基础设施水平都有了较大幅度的提高，表明这些国家投资环境都在不断改善。其中改善最为明显的是伊拉克，此外中亚国家的哈萨克斯坦、乌兹别克斯坦和土库曼斯坦等近年来随着石油资源的开发和国际收支的不断增加，对于基础设施投入不断增加，基础设施改善也较为明显。文莱、卡塔尔一直以来属于富裕的国家，加之国土面积小，基础设施已经非常完善，基础设施的改善变化不明显。

图 6-4 给出了考察样本中各国 2000—2016 年期间各国的政治稳定性变化趋

势。可以看到，2000—2016 年期间，各国政治稳定性变化趋势具有很大的差异，如：文莱、阿联酋，阿曼和卡塔尔等国的政治稳定性较高。伊拉克则处于波动的状态中，也门和叙利亚等国由于内战导致的混乱，政治稳定性有较大幅度下降。印度尼西亚的政治稳定性在这一期间有较大幅度的改善，印度尼西亚 2004 年苏西洛和 2014 年佐客维在当选总统后都致力于发展民族经济，经济的发展促使其政治稳定性得以大幅提升，但 2015 年以来则由于经济形势的下滑和其国内极端势力、宗教冲突等多种因素使其政治稳定性出现下降趋势。

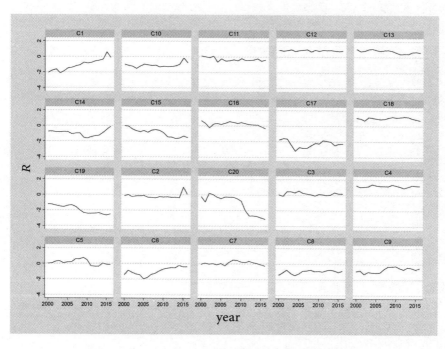

图6-4　2000–2016年各国政治稳定性水平变化趋势

图 6-5 给出了考察样本中各国 2000—2016 年期间各国的劳动力成本变化趋势。可以看到，2000—2016 年期间，各国劳动力成本变化趋势具有很大的差异，其中伊朗、伊拉克、乌兹别克斯坦、卡塔尔和也门等国劳动力成本上升较为明显。印度尼西亚、泰国、马来西亚、俄罗斯、哈萨克斯坦和沙特阿拉伯等国劳动力成本一直较为稳定，叙利亚由于 2011 年出现的战乱导致其劳动力成本在这一年开始出现大幅度的下降。

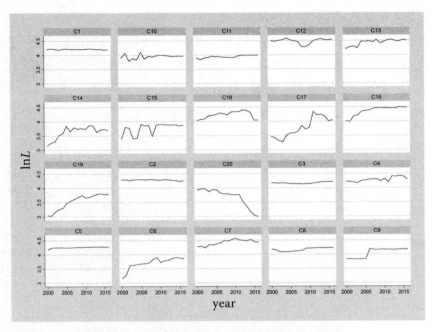

图6-5 2000-2016年各国劳动力成本变化趋势

6.2.4.2 相关性分析

表6-5 给出了各变量之间的相关系数矩阵，结果显示各变量间的相关系数都小于 0.75，利用方差膨胀因子分析法对各变量进行检验，从表 6-6 可见，计算所得的方差膨胀因子（VIF）均远小于 10，则可判定不存在多重共线性。

表6-5 变量的相关系数矩阵

		(1)	(2)	(3)	(4)	(5)	(6)
投资	$\ln I$	1.000					
劳动力成本	$\ln L$	0.213	1.000				
政治稳定性	R	−0.040	0.682	1.000			
基础设施建设	$\ln IF$	0.739	0.505	0.359	1.000		
距离成本	$\ln D$	0.000	−0.300	−0.257	−0.002	1.000	
石油储量	$\ln O$	0.046	0.003	−0.039	0.264	0.472	1.000

表6-6 多重共线性检验

VARIABLES	变量	VIF值	1/VIF值
$\ln L$	劳动力成本	2.320	0.432
R	政治稳定性	1.880	0.531
$\ln IF$	基础设施建设	1.480	0.674
$\ln D$	距离成本	1.460	0.683
$\ln O$	石油储量	1.410	0.707

6.2.4.3 基准模型估计结果及讨论

面板数据模型通常分为：混合模型、固定效应模型和随机效应模型，在进行回归之前采用 F 检验和 Hausman 检验对模型进行选择，结果显示应该采用固定效应模型，相应的估计结果如表 6-7 所示。

表6-7 模型估计结果

变量名称	FE				
	(1)	(2)	(3)	(4)	(5)
ln$O$	2.790***	2.790***	0.433**	0.407**	0.405**
	(7.830)	(7.830)	(2.223)	(2.084)	(2.064)
ln$D$		−28.105***	−13.694***	−12.558**	−12.305**
		(−2.814)	(−2.715)	(−2.466)	(−2.338)
lnIF			1.565***	1.563***	1.558***
			(30.711)	(30.737)	(26.999)
R				−0.140	−0.144
				(−1.491)	(−1.491)
ln$L$					0.058
					(0.195)
Cons	−4.736***	235.842***	100.813**	91.058**	88.726*
	(−3.479)	(2.766)	(2.339)	(2.093)	(1.963)
N	340	340	340	340	340
R-Square	0.161	0.161	0.789	0.790	0.790
Adj.R-Square	0.109	0.109	0.775	0.775	0.775

注："*""**""***"分别代表10%、5%和1%的显著水平，括号内为 t 统计值。

表 6-7 中模型（1）中只加入东道国石油储量变量；

模型（2）—（5）依次加入两国首都距离变量、东道国的基础设施变量、东道国的政治稳定性变量和劳动力成本变量；

模型（1）—（5）中东道国的石油储量变量系数都显著为正，表明其能促进中国石油企业对外投资；

模型（2）—（5）中两国首都距离变量都显著为负，表明中国和东道国的距离加大会降低中国石油企业对外投资；

模型（3）—（5）中东道国的基础设施水平变量都显著为正，表明东道国的基础设施水平是中国石油企业对外投资的重要考量。

因此，假设 1、3 和 4 都得到了验证。另外，东道国的政治稳定性变量和劳动力成本变量对中国石油企业对外投资影响系数并不显著。

6.2.4.4 稳健性与内生性讨论

为进一步验证上述结论的可靠性，对因变量最大值和最小值采用剔除 3% 水平断尾处理后的样本重新进行回归，结果如下表 6-8 所示。表 6-8 模型估计结果和上述结论仍然一致，因此本文的结论是可靠的，表明东道国石油资源禀赋、基础设施水平以及中国与东道国之间的距离是决定 2000—2016 年期间中国石油企业对外直接投资区位选择的关键因素。其次，各个因素对中国石油企业对外直接投资区位选择的影响可能具有时滞性，因此本模型进一步考察各变量的滞后一期项对中国石油企业的影响效果，如表 6-9 所示，并且采用变量的滞后项也有利降低模型可能存在的内生性问题。可以看出，采用滞后一期后的模型估计结果仍然和上述一致。

表6-8　模型估计结果（稳健性检验）

变量名称	FE				
	(1)	(2)	(3)	(4)	(5)
$\ln O$	2.384***	2.384***	0.371*	0.343*	0.345*
	(6.893)	(6.893)	(1.886)	(1.743)	(1.745)
$\ln D$		−24.845***	−11.323**	−10.343**	−10.513**
		(−2.669)	(−2.293)	(−2.079)	(−2.050)
$\ln IF$			1.478***	1.478***	1.482***
			(27.831)	(27.886)	(24.977)
R				−0.132	−0.128
				(−1.445)	(−1.341)
$\ln L$					−0.042
					(−0.140)
Cons	-3.013**	209.665***	81.881*	73.461*	75.040*
	(−2.294)	(2.640)	(1.941)	(1.728)	(1.704)
N	320	320	320	320	320
R-Square	0.137	0.137	0.760	0.762	0.762
Adj.R-Square	0.079	0.079	0.743	0.744	0.743

注："*""**""***"分别代表10%、5%和1%的显著水平，括号内为 t 统计值。

表6-9　模型估计结果（滞后一期）

变量名称	FE				
	(1)	(2)	(3)	(4)	(5)
L.ln O	2.506***	2.506***	0.505***	0.484***	0.480***
	(7.865)	(7.865)	(2.813)	(2.692)	(2.658)
L.ln D		−24.527***	−13.672***	−12.563***	−12.086**
		(−2.735)	(−2.928)	(−2.657)	(−2.464)
L.ln IF			1.355***	1.353***	1.343***
			(28.509)	(28.519)	(24.643)
L.R				−0.127	−0.133
				(−1.399)	(−1.444)
L.ln L					0.105
					(0.374)

变量名称	FE				
	(1)	(2)	(3)	(4)	(5)
Cons	−3.517***	206.438***	103.390**	93.854**	89.462**
	(−2.879)	(2.695)	(2.591)	(2.322)	(2.123)
N	320	320	320	320	320
R-Square	0.171	0.171	0.778	0.779	0.779
Adj.R-Square	0.116	0.116	0.762	0.763	0.762

注："*""**""***"分别代表10%、5%和1%的显著水平，括号内为t统计值。

6.2.4.5 基于动态面板模型的讨论

面板数据广义矩方法（GMM）允许随机误差项存在异方差和序列相关，所得到的参数估计量，比应用其他方法得到的参数估计量更加合乎实际。同时，GMM方法不需要知道扰动项的确切分布，所以GMM得到的参数估计量是非常稳健的。其基本原理如下：

变截距面板数据模型的基本形式为

$$y_{it} = f(x_{it}, \beta) + \upsilon_i + \gamma_t + u_{it} \tag{6-2}$$

$i=1,2,3,\cdots, n \ \ t=1,2,3,\cdots, \mathrm{T}$

假定其是线性条件均值方程：

$$y_{it} = \alpha + x_{it}'\beta + v_i + \gamma_t + u_{it} \tag{6-3}$$

$i=1,2,3,\cdots, n \ \ t=1,2,3,\cdots, \mathrm{T}$

式中 y_{it} 是因变量，$x_{it} = (x_{1,it}, x_{2,it}, \cdots, x_{k,it})'$ 是解释变量向量，β 是系数向量，α 为截距中的常数项部分，v_i 代表截面随机或固定效应，γ_t 代表时期的随机或固定效应。u_{it} 是随机误差项。

面板数据模型式6-3中 β 系数所满足的矩条件写成含有特定效应的残差 u_i 和一组工具变量 Z_i 之间的正交化条件：

$$E[m(\beta, Z_i)] = E[Z_i' u_i(\beta)] = 0 \tag{6-4}$$

用样本的矩条件来替代理论矩条件式6-4，即

$$\sum_{i=1}^{N} Z_i' u_i(\beta) = 0 \tag{6-5}$$

其中，Z_i 是截面个体 i 的 $T_i \times p$ 工具变量向量，p 为工具变量个数，并且

$$u_i(\beta) = y_i - f(x_{it}, \beta) \tag{6-6}$$

正如前述结果显示，中国石油企业对外投决策依赖于过去一些因素，并且中国石油企业对外投资区位选择的决策也是一个动态的变化过程。因此，有必要采用动态面板数据模型进行进一步的讨论，在基准模型 6-1 的基础上加入因变量的滞后一期项构建如下的动态面板数据模型，结果如式 6-7 所示：

$$\ln I_{it} = \alpha_0 + \alpha_1 \ln I_{it-1} + \beta_1 \ln O_{it} + \beta_2 \ln D_{it} + \beta_3 \ln IF_{it} + \beta_1 R_{it} + \beta_1 \ln L_{it} + \mu_i + \varepsilon_{it} \quad （6-7）$$

其中，$\ln I_{it-1}$ 代表因变量的滞后一期项，其他定义同上。由于动态面板模型中包括了因变量的滞后项，普通面板模型估计方法可能会产生动态面板偏差（dynamic panel bias）。为解决这一问题，安德森—邦德（Anderson- Band，1991) 提出了差分 GMM 方法，其基本原理先通过一阶差分的方法消除模型的个体效应，即

$$\Delta \ln I_{it} = \alpha_1 \Delta \ln I_{it-1} + \beta_1 \Delta \ln O_{it} + \beta_3 \Delta \ln IF_{it} + \beta_1 \Delta R_{it} + \beta_1 \Delta \ln L_{it} + \Delta \varepsilon_{it} \quad （6-8）$$

其中：Δ 代表一阶差分项，D 被去掉，因为其不随时间变化。

然后，通过使用所有可能的滞后变量作为工具变量，进行 GMM 估计。但是差分 GMM 方法估计也存在几个问题，首先，如果样本的考察期 T 过大，则可能会因为工具变量过多而产生弱工具变量现象。其次，不随时间变化的变量在差分 GMM 估计时会被去掉，因此差分 GMM 也无法估计不随时间变化变量的系数。另外，如果因变量具有很强的持续性（highly persistent），也可能会出现弱工具变量问题。

为解决上述问题，安德森（Anderson）和博韦尔（Bover，1995）、布伦德尔（Blundell）和邦德（Band，1998）分别提出了水平 GMM 和系统 GMM 估计的方法，其中系统 GMM 估计是将差分 GMM 和水平 GMM 结合起来。一般情况下，系统 GMM 估计结果比差分 GMM 估计结果更有效。不过，在扰动项存在自相关时，则无法使用系统 GMM。本书采用系统 GMM 的估计方法，结果如表 6-10 所示，同时也给出了差分 GMM 的估计结果，如表 6-11 所示。

表6-10 动态面板模型估计结果（系统GMM）

变量	系统GMM		因变量ln$I$	
	(1)	(2)	(3)	(4)
L.ln I	0.737***	0.069***	0.065***	0.058***
	(137.302)	(10.189)	(11.405)	(5.854)
ln O	1.873***	0.258**	0.252***	0.304***
	(11.395)	(1.965)	(2.942)	(3.159)
ln IF		1.665***	1.675***	1.702***
		(20.761)	(19.523)	(24.143)

续表

变量	系统GMM		因变量ln$I$	
	(1)	(2)	(3)	(4)
R			0.138***	0.139***
			(4.629)	(3.357)
ln L				−0.325***
				(4.690)
Cons	−6.746***	−18.158***	−18.182***	−17.404***
	(−6.173)	(−14.121)	(−15.609)	(−15.414)
AR(1)	0.000	0.000	0.000	0.000
AR(2)	0.000	0.052	0.057	0.0558
AR(3)	0.081			
Sargan	19.988	19.833	19.782	19.750
	(p=0.893)	(p=0.898)	(p=0.900)	(p=0.901)
N	320	320	320	320

注：L 表示滞后项，括号内 GMM 估计代表 z 统计值，"*""**""***"分别代表 10%、5% 和 1% 的显著水平，"−"表示该模型中没有该变量，AR 显示的是 p 值。

表6-11　动态面板模型估计结果（差分GMM）

变量	差分GMM		因变量ln$I$	
	(1)	(2)	(3)	(4)
L.ln I	0.770***	0.192***	0.192***	0.191***
	(209.716)	(25.746)	(26.359)	(25.276)
ln O	1.239***	0.406***	0.400***	0.404***
	(11.281)	(2.935)	(3.637)	(4.484)
ln IF		1.375***	1.372***	1.373***
		(21.309)	(21.132)	(20.037)
R			0.035	0.036
			(1.158)	(1.107)
ln L				0.044
				0.560
Cons	−4.046***	−15.602***	−15.528***	−15.737***
	(−5.613)	(−14.290)	(−19.594)	(−15.409)
AR(1)	0.000	0.073	0.074	0.096
AR(2)	0.000			
AR(3)	0.003			
Sargan	19.995	19.878	19.866	19.843
	(p=0.130)	(p=0.134)	(p=0.134)	(p=0.135)
N	300	300	300	300

注：L 表示滞后项，括号内 GMM 估计代表 z 统计值，"*""**""***"分别代表 10%、5% 和 1% 的显著水平，"−"表示该模型中没有该变量，AR 显示的是 p 值。

可以看出，系统 GMM 估计结果显示各模型在 5% 的显著水平下不存在序列相关性，并且 Sargan 检验表明所有工具变量是有效的。从系统 GMM 的结果来看，因变量的滞后项在表 6-8 模型 (1)—(4) 中都显著为正，表明中国石油企业对外投资决策是一个持续动态调整过程。而石油储量和基础设施变量的显著性和上述静态面板模型估计结果一致。在加入因变量的滞后项后，模型（4）和（5）显示资源国投资环境系数显著位置正，表明东道国投资环境也是中国石油企业对外投资的一个重要影响因素。模型（5）中劳动力成本对中国石油企业对外投资的影响系数显著为负，具体来看劳动力成本每上升 1 个百分点，中国石油对外投资将增加 0.325 个百分点。

不过表 6-8 中各变量的影响系数仅反映了其对中国石油企业对外直接投资影响的短期效果。借鉴孙浦阳等（2013）研究，进一步计算各变量对中国石油企业对外投资影响的长期影响效果，具体来说，考虑本书中的模型，各变量对中国石油企业对外投资影响的长期影响效果可表示为各变量的系数比 1 减去因变量滞后项的系数。采用以上方法，根据表 6-8 中模型（5）计算结果得到各因素对中国石油企业对外投资影响的长期影响效果如表 6-12 所示。

表6-12 各因素对中国石油企业投资的长期影响

	系统GMM		因变量ln$I$	
	ln$O$	lnIF	R	ln$L$
长期影响系数	0.323	1.807	0.148	−0.345
显著性检验	10.270***	404.420***	11.440***	21.100***
	(0.001)	(0.000)	(0.001)	(0.000)

注："*""**""***"分别代表10%、5%和1%的显著水平，检验值由stata软件的testnl命令计算得到。

结果显示，从长期来看，东道国石油资源每提高一个百分点，中国石油企业对外投资将增加 0.323 个百分点；东道国基础设施每增加一个百分点，中国石油企业对外投资将增加 1.807 个百分点；东道国政治稳定性提高能够显著提升中国石油企业对外投资；东道国劳动力成本每上升一个百分点，中国石油企业对外投资将降低 0.345 个百分点。

综合上述，静态面板模型和动态面板模型的结果，理论假设 1、2、3、4、5 都得到了验证，总结如下：

（1）中国石油企业对外投资是一个动态的过程，石油企业对外投资会受以往投资影响。由于对外石油投资合作既是一个资本、技术、人员的流动过程，同时也是一个企业组织的过程，在这个过程中存在一定的惯性，一方面会使企业更加意向投资于熟悉的区域，另一方面随着投资规模的扩大也会使油田开发生产的单位成本下降。

（2）中国石油企业在对外投资实践中确实被吸引到"一带一路"沿线国家中石油资源丰富的国家，中国对于石油供给巨大的缺口，形成了中国石油企业对外直接投资最根本的动机，使东道国的资源禀赋与中国石油对外投资区位选择显著相关。如中国在伊拉克、伊朗、沙特阿拉伯和俄罗斯、哈萨克斯坦等国家都有数量庞大的投资。

（3）"一带一路"沿线国家政治稳定性对于中国石油企业的投资具有正向影响。政治稳定性方面分析排名靠前的是文莱、阿联酋、卡塔尔、阿曼、马来西亚和泰国。多德（Daude）等（2007）研究认为对于未来预期的不确定性是一国对于其影响外国投资的一个重要的阻滞因素，中国石油企业对外直接投动机是石油资源的获取，加之在"一带一路"倡议实施的背景下，中国与域内国家之间政治、经贸联系不断加强，中国的影响力在不断提高，相应的投资风险预期会有所降低。

（4）"一带一路"沿线国家和中国的距离成本与中国石油企业对外投资区位选择显著负相关。两国首都之间的距离会影响石油进口成本，同时国家距离越短，人员交流、信息交流、文化交流更加便利，物资流通成本也相对会低，对于企业而言对外直接投资项目的控制力度就越高。

（5）"一带一路"沿线国家的基础设施建设与中国石油对外投资区位选择显著正相关。国家基础设施的建设例如交通、水、电、气以及通信的完善程度很大程度影响了公司的运营流畅性和便利性，本书是以通信的完善度来衡量基础设施建设。通信使得公司内部流程和外部运作无缝对接，对企业生产与贸易举足轻重。故国家基础设施越为完善，越能吸引对外投资，石油产业也不例外。

（6）从长期来看，东道国劳动力成本也是影响中国石油企业对外投资的一个重要因素。随着中国经济发展水平的不断提高，中国已经不具备劳动力成本的比较优势。在中国石油企业国内投资空间受限的情况下，而"一带一路"沿线石油资源国大多是发展中国家，劳动力成本相对较低，对中国石油企业投资也会形成一定的吸引力。

6.3 本章小结

中国石油企业对"一带一路"沿线国家直接投资的区位选择，其实质是通过中国石油企业资源配置决策实现预期利益最大化的过程。在这一过程中要充分考虑到石油行业具有区别与其他行业的一些特性，作为一种具有特殊属性的商品，石油受到东道国的政治、金融、经济、技术、基础设施以及与投资母国双边经贸关系等一系列因素的影响。因此，本章的研究选取了考察国家 2000—2016 年期间的跨国面板数据，从东道国的视角出发，来分析中国石油企业对"一带一路"沿线国家进行石油投资合作区位选择的决定因素。

作为关系国计民生重要的战略资源，石油不仅关系国内经济建设，同时与人民币国际化、"一带一路"建设的推进、中国在国际话语权的增加等都有直接的关联，也是中国对外直接投资金额最多、影响最为广泛的投资领域之一，因此通过研究"一带一路"沿线石油资源国对中国石油企业投资区位选择的各种影响因素，对政府制定相关政策和企业进行投资决策具有一定的参考作用。

本章通过实证分析，得出以下经验性结论：一是"一带一路"沿线国家石油资源禀赋对于中国石油企业对外投资区位选择起到最主要的决定性作用；二是"一带一路"沿线国家与中国的距离成本与中国石油对外投资区位选择显著负相关；三是"一带一路"沿线国家的基础设施建设与中国石油对外投资区位选择显著正相关。本章分析结论为下一步就中国石油企业对"一带一路"沿线国家投资合作的区位选择提供了依据。

第7章 中国石油企业对外直接投资区位的选择

从企业开展跨国生产经营活动的不同层面来看，其对外直接投资区位的选择可以划分为国别选择及东道国内的区域选择。而具体到中国石油企业的对外直接投资，由于其投资涉及金额巨大、与国家间的政治关联度较高等多种影响因素的复杂性，并且决定其投资决策主要因素之一是石油资源的区位分布。因此，本章讨论的中国石油企业对外直接投资区位的选择，是指对中国石油企业对"一带一路"沿线国别的选择。

7.1 指标体系的构建

本书第5章和第6章分别从投资母国和东道国的视角对中国石油企业在"一带一路"背景下对外直接投资的影响因素进行了实证分析。第五章的实证分析结果显示投资母国的经济环境、国内供给和石油价格对于中国对外石油投资合作有着显著的影响。中国经济快速发展过程中石油供给缺口越来越大，石油企业实力的增强使中国对外石油投资规模不断加大。中国经济持续发展和石油资源接替的不足促使中国石油企业转向海外石油资源的投资与合作开发，形成了中国石油企业获取石油资源的动因。选取的指标主要有人均国内生产总值、中国石油企业总体投资收益、社会融资增量外币贷款、人均石油消费量、能源消费弹性系数、中国对外石油依存度和国际石油价格等。第六章的实证分析得出了"一带一路"沿线国家石油资源禀赋对于中国石油企业对外投资区位选择起到最主要的决定性作用、"一带一路"沿线国家和中国的距离成本与中国石油对外投资区位选择显著负相关、"一带一路"沿线国家的基础设施建设与中国石油对外投资区位选择显著正相关，选取的指标主要有东道国的石油资源资源禀赋、劳动力要素、东道国投资环境和两国间距离、基础设施等。

考虑到第5章基于母国视角的主要影响因素促成了中国石油企业对外进行投资的动因和反映对外直接投资的能力，是本章进行研究的前提，构成了中国石油企业对外直接投资区位选择的必要条件；第6章东道国影响因素选取的指标由于时间跨度较长、数据缺失较多，为了研究方便，根据数据可得性选取了部分具有代表性的指标，构成中国石油企业对外直接投资区位选择研究的充分条件。

本章在指标体系构建时基于上述的研究，从以下几个方面综合考虑来确定选取区位选择评价指标的原则：一是考虑数据的可获得性，由于所选取的部分样本国家中存在数据缺失的现象比较多，在本章的研究中依据数据可得性选取指标；二是为方便进行分析，尽可能做到指标的精简；三是要体现石油行业的特征，与中国石油企业对外投资区位的选择密切相关。

由于石油资源储量具有不可移动性，石油企业的生产经营活动要依据石油资源的分布而确定区域，加之本章的研究中主要聚焦于"一带一路"背景下中国石油企业对外直接投资区位的选择，因此着重分析东道国投资环境的同时要结合石油行业的特点来选取指标。本章出于前述三个方面指标选取的原则，在东道国石油资源禀赋和投资环境的基础上根据本章研究方法对指标进行了筛选、细化，将储量因素、产量因素、技术因素、投资政策因素等方面的指标纳入进来以弥补以往表征指标的不足，从资源技术、经济评价和政治环境三个方面，突出石油企业对外直接投资的现实需要，重新构建了能够全面体现出适合中国石油企业特点的对外直接投资区位选择评价指标体系。

7.1.1 评价指数的构成

基于可用信息以及可操作性，本章设定投资排序评价指数由三部分组成，一是资源技术指数，二是经济评价指数，三是政治环境指数，如图7-1所示。

图7-1 区位选择的投资环境综合指数

7.1.1.1 资源技术指数的构成

资源技术指数包括四个方面的因素，分别是储量因素、产量因素、技术因素、政策因素等，如图7-2所示。对这四个方面的因素进一步细化，储量因素包括剩余可采储量。产量因素为当年产量。技术因素包括新井的钻井成功率和单井新增储量。政策因素包括钻井井数、新许可证数量、活跃公司的数量。

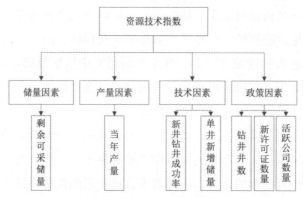

图7-2 资源技术指数的构成

7.1.1.2 经济评价指数的构成

经济评价指数度量了海外油气项目基于经济价值环境的考量，在我们的评估系统中包含资金和生产两个方面的因素，资金方面的因素有涉及项目投资回收、作业者内部收益率、作业者所得和作业者单位产量所得（一般计量单位为每桶）等指标，生产因素主要包括单井产量，在掌握单井产量的基础上结合一国油井总数以及开井率等就可以从宏观上判断该国石油生产能力和预期产量，因而我们将单井产量作为经济评价的参考依据，如图7-3所示。

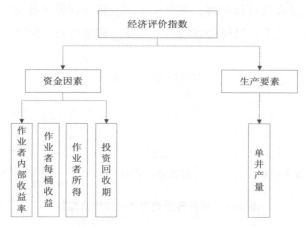

图7-3 经济评价指数的构成

7.1.1.3 政治环境指数的构成

政治环境指数的分级主要基于主观或者定性的判断，可以通过以下两类分析获得：一是通过熟悉东道国情况的专业人员访谈调研或者是查阅相关的资料；二是根据石油行业内专家的分析和判断。

目前，世界上已经有许多权威性的专业风险评估机构对国家主权、政治、经济、军事、社会安全状况进行评估，如：标准普尔、穆迪指数、世界银行的世界治理指数、ICRG 国家风险评价[①] 等。此外，美国纽约国际报告集团编制涵盖 100 多个国家的风险分析报告，该报告每季度更新一次指标，根据投资本质分别考虑三种风险：财政转移风险（本币外币的汇率转换和支付能力）、对外直接投资风险（任何海外资产的直接控制）和出口风险（出口商面对的风险和困难）。专家以 17 个变量的时间序列衡量现在的风险程度或当前受限程度，且此类风险因素以 18 个月为期或以 5 年为期进行预测，其最明显的特征在于其最初已预设了未来执政力量的可能性，并在此基础上估算对各个要素的潜在性影响。

由于政治量化评估程序较为复杂，现有的政治量化评估方法中全球治理指数的覆盖面较广、政治侧重方面较完善，因而本章参考 ICRG，将政治环境指数设置为政权稳定、内部冲突、外部冲突、民主化程度、军事干预、政府效率、法律秩序、腐败程度、社会经济条件、投资环境、宗教争端和种族争端等 12 个子指标，如图 7-4 所示。

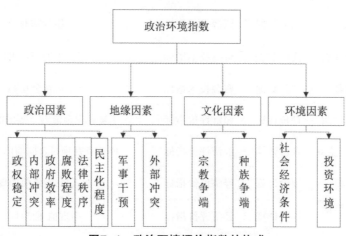

图7-4 政治环境评价指数的构成

[①] 国家风险国际指南 (International Country Risk Guide，简称 ICRG)。ICRG 评估方法由美国国际报告集团于 1980 年创立，是目前国际上权威的国家风险指数。

7.1.2 分级指标及测度说明

对各个投资环境测度指标关系和计算方式见表7-1，由于各个评价机构的评价方法不一样，即使采用相同指标来进行评价，分级时所选取的标准有相同的，也有不相同的，评价的侧重点和出发点是完全不一样的。同样一个东道国，基于西方国家评价机构可能会认为投资环境很差，但是对于中国企业来说可能未必适用，这与投资母国、投资企业的政治、经济背景、国内外产业环境和企业发展战略的不同有关。

对于中国石油企业来讲，要从自己实际情况出发进行分析判断，而不能简单采用西方国家机构做出的评价标准。各级指标的赋权反映了企业对外投资的驱动和偏好。

表7-1　分级指标及测度说明

指标名称	指标性质	一级指标	指标计算说明
剩余可采储量	实际数据	资源技术指标	过去5年平均探明剩余可采储量
产量	实际数据	资源技术指标	过去5年平均产量
钻井成功率	实际数据	资源技术指标	5年累计钻井数-干井数/5年累计钻井数
单井新增储量	实际数据	资源技术指标	新增石油储量/5年累计钻井数
钻井井数	实际数据	资源技术指标	5年累计钻井数
授予新许可证数	实际数据	资源技术指标	5年授予的新许可证
活跃公司数	实际数据	资源技术指标	5年活跃公司数
项目投资回收期	评价计算	经济评价指标	累计现金流等于零的时间
作业者内部收益率	评价计算	经济评价指标	作业者在项目合同期内的IRR
作业者所得	评价计算	经济评价指标	作业者所得/税前净现值
作业者单位产量所得	评价计算	经济评价指标	净现值/桶当量
单井产量	评价计算	经济评价指标	平均每口油井产量
政权稳定	定性判断	政治环境指数	政府部门政策形成和执行质量

续表

指标名称	指标性质	一级指标	指标计算说明
内部冲突	定性判断	政治环境指数	政治冲突事件、暴力或恐怖骚乱等
外部冲突	定性判断	政治环境指数	战争、边界冲突及外国压力
民主化程度	定性判断	政治环境指数	政府对于民众的响应程度
军事干预	定性判断	政治环境指数	军人对于政治的干预和影响
政府效率	定性判断	政治环境指数	风险吸收指标，高效政府有助于经济发展
法律秩序	定性判断	政治环境指数	法律的公平公正及执行
腐败程度	定性判断	政治环境指数	政府部门的腐败程度
种族冲突	定性判断	政治环境指数	不同种族群体间的冲突
宗教争端	定性判断	政治环境指数	宗教对于政治经济的干预及对其他宗教的冲突
社会经济条件	定性判断	政治环境指数	指社会经济压力，包含有失业率、消费者信心及贫困程度等
投资环境	定性判断	政治环境指数	对投资的影响因素，包含合同执行、利润及其支付等

7.2 对"一带一路"沿线国家直接投资的区位选择的分析

7.2.1 评价指标分级

不同国家的财税条款会因为石油资源禀赋的状况、宏观经济发展水平、地质地貌条件以及开发技术水平等诸多因素的不同而不同，即便是在同一个东道国，因其不同时期、不同区位也会有着不同的条款。随着近年来世界石油开发技术的大幅提高，原来难动用储量和海上石油资源得以商业开发，为了吸引石油企业的投资开发，一些国家会对低品位石油资源储量和海上油田的开发给予一定的政策优惠。

因为研究方法的不同，为了能够更为准确地判断投资合作的区位，本文依据实际数据进行定量分级，根据数据的可获得性，数据选用期间为 2010—2014 年。同时，为了保持选取样本国家的可比性，对所有国家采用同样的评价指标分级标准，如表 7-2 所示。

表7-2　指标分级标准

一级指标名称	单位	政治环境指数											经济评价指标					资源技术指标						
		投资环境(无)	社会经济条件(无)	宗教种族争端(无)	腐败程度(无)	法律秩序(无)	政府效率(无)	军事干预(无)	民主化程度(无)	外部冲突(无)	内部冲突(无)	政权稳定(无)	单井产量(吨/口·日)	作业者单位产量所得(美元/桶油当量)	作业者单位产量所得(%)	作业者单位产量内部收益率(%)	项目投资回收期(年)	活跃公司数(个)	授予新许可证数(个)	钻井井数(口)	单井新增储量(百万桶油当量/口)	钻井成功率(%)	产量(万吨)	剩余可采储量(万吨)
0级	级	11.94	10	6	5	5.52	4	6	6	11	12	11.32	520.1	23.2	51	79	3.3	200	177	42765	420	70	54173	4121616
0~1级	级	11.94	10	6	5	5.52	4	6	6	11	12	11.32	520.1	23.2	51	79	3.3	200	177	42765	420	70	54173	4121616
		10.93	9	5	3.17	5	3.4	4.8	5	10.5	9.95	9.94	279.4	15.18	34	65	3.43	176	97	27331	300	60	44000	2324777
1~2级	级	10.93	9	5	3.17	5	3.4	4.8	5	10.5	9.95	9.94	279.4	15.18	34	65	3.43	176	97	27331	300	60	44000	2324777
		9.18	8	4	2.4	4	2.8	3.6	4	10	9.43	8.58	100.1	7.88	21	61	3.6	85	31	1986	160	50	12198	1095890
2~3级	级	9.18	8	4	2.4	4	2.8	3.6	4	10	9.43	8.58	100.1	7.88	21	61	3.6	85	31	1986	160	50	12198	1095890
		7.84	6	3	1.62	3.7	2.2	2.4	3	9.17	8.48	7.03	42.6	6.3	13	32	4.12	56	22	921	81	40	7750	113329
3~4级	级	7.84	6	3	1.62	3.7	2.2	2.4	3	9.17	8.48	7.03	42.6	6.3	13	32	4.12	56	22	921	81	40	7750	113329
		6.22	4	2	1.29	2	1.6	1.2	2	7.98	7.28	6.98	25.1	6.01	12	29	5.23	23	11	81	60	30	3700	49315
4~5级	级	6.22	4	2	1.29	2	1.6	1.2	2	7.98	7.28	6.98	25.1	6.01	12	29	5.23	23	11	81	60	30	3700	49315
		3.13	1	1	1	1.03	1	0	0.5	5.89	5.58	6.08	1.4	3.14	8	24	5.63	12	1	23	4	10	100	5430
5级	级	3.13	1	1	1	1.03	1	0	0.5	5.89	5.58	6.08	1.4	3.14	8	24	5.63	12	1	23	4	10	100	5430

7.2.2 基于层次分析法的中国石油企业对外投资区位选择评价

根据前文对区位投资选择方法的介绍，本节选择层次分析法（AHP）对中国石油企业对外投资区位选择进行综合评价，具体来说 AHP 方法主要步骤为：构建层次结构模型，将决策的目标、考虑的因素（决策准则）和决策对象分别分为最高层、中间层和最低层，绘出层次结构图。

在层次结构模型的基础上，建立判断矩阵。例如以 Y 为目标，X_i 和 X_j 分别表示各个要素（i，j=1,2,3,…，m）。X_{ij} 表示 X_i 对 X_j 的相对重要性。由 X_{ij} 构成的判断矩阵为 M 为：

$$M = \begin{pmatrix} X_{11} & X_{12} & X_{13} & \cdots & X_{1m} \\ X_{21} & X_{22} & X_{23} & \cdots & X_{2m} \\ \vdots & \vdots & \vdots & & \vdots \\ X_{m1} & X_{m2} & X_{m3} & \cdots & X_{mm} \end{pmatrix}$$

本文根据比较通用的 1-9 标度方法对判定矩阵进行设定，即如表 7-3 所示。

表7-3　1-9标度方法对判定矩阵的设定

序号	重要性分类	赋值情况
1	i 和 j 元素同等重要	1
2	i 比 j 元素稍重要	3
3	i 比 j 元素明显重要	5
4	i 比 j 元素强烈重要	7
5	i 比 j 元素极端重要	9
6	i 比 j 元素稍不重要	1/3
7	i 比 j 元素明显不重要	1/5
8	i 比 j 元素强烈不重要	1/7
9	i 比 j 元素极端不重要	1/9

根据上述判断矩阵，计算判断矩阵所对应的最大特征根 λ_{max}。并根据最大特

征根对矩阵的一致性进行检验。

根据上述方法，利用专家打分法构建的判断矩阵如表 7-4 所示。所有结果都来自于 yaahp 层次分析法软件的计算结果整理得到。

表7-4　中国石油企业对外投资区位选择影响因素两两判断矩阵

区位选择	资源技术	经济评价	政治环境	Wi
资源技术	1	2	7	0.5821
经济评价	1/2	1	6	0.3484
政治环境	1/7	1/6	1	0.0695
λ_{max}	3.0324	一致性比例	0.0311	
是否符合一致性检验		是		

由表 7-4 可知，一致性判断比例为 0.0311，即在 5% 的显著水平下表明该判断矩阵具有一致性，因此设定恰当。

同理，各子指标层的判断矩阵情况如表 7-5 ～ 表 7-14 所示。

表7-5　资源技术指标判断矩阵

资源技术	储量因素	产量因素	技术因素	政策因素	Wi
储量因素	1	1/2	2	2	0.2392
产量因素	2	1	5	5	0.5349
技术因素	1/2	1/5	1	1	0.1129
政策因素	1/2	1/5	1	1	0.1129
λ_{max}	4.0062	一致性比例	0.0023		
是否符合一致性检验		是			

表7-6　经济评价指标判断矩阵

经济评价	资金因素	生产因素	Wi
资金因素	1	6	0.8571
生产因素	1/6	1	0.1429
λ_{max}	2.0000	一致性比例	0.0000
是否符合一致性检验		是	

表7-7 政治环境指标判断矩阵

政治环境	政治因素	地缘因素	文化因素	环境因素	Wi
政治因素	1	7	9	9	0.727
地缘因素	1/7	1	2	2	0.1294
文化因素	1/9	1/2	1	1	0.0718
环境因素	1/9	1/2	1	1	0.0718
λ_{max}	4.0245	一致性比例		0.0092	
是否符合一致性检验			是		

表7-8 技术因素指标判断矩阵

技术因素	钻井成功率	单井新增储量	Wi
钻井成功率	1	1	0.5
单井新增储量	1	1	0.5
λ_{max}	2.0000	一致性比例	0.0000
是否符合一致性检验		是	

表7-9 政策因素指标判断矩阵

政策因素	钻井井数	授予新许可证书	活跃公司数	Wi
钻井井数	1	1/2	1	0.25
授予新许可证书	2	1	2	0.5
活跃公司数	1	1/2	1	0.25
λ_{max}	3.0000	一致性比例	0.0000	
是否符合一致性检验		是		

表7-10 资金因素指标判断矩阵

资金因素	项目投资回收期	作业者内部收益率	作业者所得	作业者单位产量所得	Wi
项目投资回收期	1	5	5	5	0.625
作业者内部收益率	1/5	1	1	1	0.125
作业者所得	1/5	1	1	1	0.125
作业者单位产量所得	1/5	1	1	1	0.125
λ_{max}	4.0000	一致性比例	0.0000		
是否符合一致性检验		是			

表7-11 政治因素指标判断矩阵

政治因素	政权稳定性	内部冲突	政府效率	腐败程度	法律秩序	民主化程度	W_i
政权稳定性	1	9	9	9	9	9	0.6429
内部冲突	1/9	1	1	1	1	1	0.0714
政府效率	1/9	1	1	1	1	1	0.0714
腐败程度	1/9	1	1	1	1	1	0.0714
法律秩序	1/9	1	1	1	1	1	0.0714
民主化程度	1/9	1	1	1	1	1	0.0714
λ_{max}	6.0000		一致性比例		0.0000		
是否符合一致性检验			是				

表7-12 地缘因素指标判断矩阵

地缘因素	外部冲突	军事干预	W_i
外部冲突	1	1	0.5
军事干预	1	1	0.5
λ_{max}	2.0000	一致性比例	0.0000
是否符合一致性检验		是	

表7-13 文化因素指标判断矩阵

文化因素	种族冲突	宗教争端	W_i
种族冲突	1	1	0.5
宗教争端	1	1	0.5
λ_{max}	2.0000	一致性比例	0.0000
是否符合一致性检验		是	

表7-14 环境因素指标判断矩阵

环境因素	社会经济条件	投资环境	W_i
社会经济条件	1	1/4	0.2
投资环境	4	1	0.8
λ_{max}	2.0000	一致性比例	0.0000
是否符合一致性检验		是	

根据以上计算结果，各子指标层相对目标层的权重如表7-15所示。

表7-15　指标权重

子指标层权重			资源技术	经济评价	政治环境	子目标层权重
因素及权重			0.5821	0.3484	0.0695	
资源技术	储量因素	剩余可采储量	0.2392			0.1393
	产量因素	产量	0.5349			0.3114
	技术因素	钻井成功率	0.0565			0.0329
		单井新增储量	0.0565			0.0329
	政策因素	钻井井数	0.0282			0.0164
		授予新许可证数	0.0565			0.0329
		活跃公司数	0.0282			0.0164
经济评价	资金因素	项目投资回收期		0.5357		0.1866
		作业者内部收益率		0.1071		0.0373
		作业者所得		0.1071		0.0373
		作业者单位产量所得		0.1071		0.0373
	生产因素	平均单井产量		0.1429		0.0498
政治环境	政治因素	政权稳定			0.4673	0.0325
		内部冲突			0.0519	0.0036
		政府效率			0.0519	0.0036
		腐败程度			0.0519	0.0036
		法律秩序			0.0519	0.0036
		民主化程度			0.0519	0.0036
	地缘因素	外部冲突			0.0647	0.0045
		军事干预			0.0647	0.0045
	文化因素	种族冲突			0.0359	0.0025
		宗教争端			0.0359	0.0025
	环境因素	社会经济条件			0.0144	0.001
		投资环境			0.0575	0.004

石油作为一种重要的战略资源，跨国石油投资的影响因素极为复杂，投资环境也会随着各种影响因素的变化而变化，东道国的地缘政治关系及其政治稳定性构成了影响国际石油投资的主要政治因素。在"一带一路"倡议实施的背景下，以全面的开放实现全局的整合，突破了长期以来我国本位性区域发展模式，改变了原来点状、块状的发展格局，推动构建以合作共赢为核心的新型国际关系。"一带一路"沿线国家包括主要石油资源国与中国的外交关系越来越密切，经贸合作和人员往来也超越以往阶段，中国石油企业对"一带一路"沿线国家石油投资合作的政治风险也较以往会越小。

7.2.3 结果分析

7.2.3.1 基础数据

对各个评价指标进行赋权，可以显示石油企业对于投资的驱动和投资偏好。在缺省赋权设置中，政治评价指数利用连续五年数据加权平均计算所得。基础数据来源于 IHS、BP 世界能源统计年鉴、世界石油工业统计 2017 及 ICRG 等。根据数据的可得性和便于比较，分级结果去掉乌兹别克斯坦和土库曼斯坦，在"一带一路"沿线国家基础上增加美国、加拿大、委内瑞拉、尼日利亚、安哥拉、阿尔及利亚和巴西几个全球主要和有重要影响力的石油生产国作比较，使研究对象更加全面，具体如表 7-16、表 7-17 所示。

7.2.3.2 分级结果

根据表 7-16、表 7-17 基础数据，按照表 7-2 分类标准进行分类。具体分类方法是首先确定指标所处区间，确定分级的整数取值，再结合指标所处区间范围内阈值来确定小数部分的取值，两个部分之和就得到该指标的分级结果，"一带一路"沿线主要石油资源国及主要比较国家的具体分级结果如表 7-18、表 7-19 所示。

表7-16　基础数据（Ⅰ）

一级指标	政治环境											经济评价					技术资源						
指标名称	投资环境	社会经济条件	种族宗教冲突争端	腐败程度	法律秩序	政府效率	军事干预	民主化程度	外部冲突	内部冲突	政权稳定	平均单井产量	作业者单位产量所得	作业者所得	作业者内部收益率	项目投资回收期	活跃公司数	授予新许可证数	钻井井数	单井新增储量	钻井成功率	产量	剩余可采储量
单位	无	无	无	无	无	无	无	无	无	无	无	吨	美元/桶油当量	%	%	年	个	个	口	百万桶油当量/口	%	万吨	万吨
印尼	8.05	6	1	3.17	3	2	2.5	5	10.5	8.28	6.98	13.1	4.77	10	32	4.51	176	15	2922	8	47	3700	44247
泰国	8	7	2	2	2.5	2	2.59	4.5	9.02	7.73	6.78	42.6	4.71	10	32	3.68	42	2	2751	4	56	1305	5430
马来西亚	9.68	10	4	2.5	4	3	5	4.29	10.5	9.68	6.32	79.9	5.44	12	43	3.43	18	11	69	27	46	3400	49315
文莱	11.45	9	5	2.5	5	3.5	5	0.5	11	12	11.32	35.6	5.64	12	43	3.43	12	6	38	39	60	535	15068
哈萨克斯坦	7.7	8	4.27	1.5	3.75	2	5	1.7	11	9.95	9.67	6.93	15.18	34	77	3.33	120	24	2697	5	23	7750	410959
俄罗斯	9.18	6	5.5	1.83	3.7	1	4.32	2.2	8.63	8.5	8.58	10.2	6.17	21	29	5.23	200	177	31798	60	60	54173	1095890
阿塞拜疆	9.18	8	4.08	1.5	3.5	1	3.4	1.5	7.98	8.96	9.62	16.87	6.17	21	29	5.26	21	2	356	420	60	4190	95890
印度	8.14	5	2.5	2.4	4	3	4	6	10.5	6.41	6.78	20.5	4.77	10	32	4.51	38	46	1515	4	30	3675	63302
沙特	10.89	7	3.49	2.38	5	2	5	0.98	9.17	8.5	9.53	520.1	6.3	13	61	3.47	56	38	2669	300	60	52000	3650068
阿曼	10.93	7	5	2.5	5	2	5	1.43	10	9.54	9.94	25.1	6.01	13	61	3.43	56	2	533	28	26	5080	73603
伊朗	4.79	6	2	1.62	4	2	4.73	3.44	5.89	8.21	7.07	313.9	6.3	13	61	3.43	14	31	1073	330	55	17450	2169863

表7-17 基础数据（Ⅱ）

一级指标	指标名称	单位	埃及	科威特	伊拉克	卡塔尔	也门	叙利亚	美国	加拿大	委内瑞拉	尼日利亚	安哥拉	阿尔及利亚	巴西
技术资源	剩余可采储量	万吨	60274	1390411	1952096	73603	41096	34247	483173	2324777	4121616	507699	113329	167123	178079
	产量	万吨	1150	14300	21850	3300	100	150	44000	18000	11250	7650	8775	5505	12198
	钻井成功率	%	42	60	58	10	35	39	38	39	30	50	42	40	37
	单井新增储量	百万桶油当量/口	4	300	281	39	4	4	11	11	66	15	44	5	81
	钻井井数	口	1639	1986	921	23	72	72	42765	27331	4890	329	249	81	1324
	授予新评可证数	个	5	22	8	4	12	12	47	36	6	1	3	11	38
	活跃公司数	个	90	56	56	23	22	22	200	190	39	83	44	43	85
经济评价	项目投资回收期	年	4.12	3.47	3.43	5	3.6	3.6	3.3	3.3	4.06	5.5	5.3	3.39	5.63
	作业者内部收益率	%	48	61	61	28	67	67	73	65	49	24	25	79	27
	作业者所得	%	17	13	13	13	29	29	51	48	8	23	19	15	44
	作业者单位产量所得	美元/桶油当量	7.88	6.3	6.3	6.01	13.24	13.04	23.2	21	3.43	6.95	5.78	6.88	13.24
	平均单井产量	吨	50.4	279.4	193.9	193.9	40.3	24.6	1.4	5.1	238	100.1	185.2	127.6	29.6
政治环境	政权稳定	无	6.78	6.08	7.07	10.68	7.85	7.81	8.51	8.53	7.06	7.43	9.21	7.63	8.18
	内部冲突	无	7.28	8.49	6.04	9.43	5.58	5.58	10.1	10.91	8.36	6.4	8.76	7.93	9.72
	外部冲突	无	9.58	1027	7.88	8.5	9.17	7.22	10.01	11	8.25	9.5	11	10.22	10.5
	民主化程度	无	1.7	3	4.32	2	3.53	3.53	6	5.8	3	3.5	2.3	3.53	5
	军事干预	无	1.98	5	0	4	3.58	2	4	6	0.5	1.93	2	3	4
	政府效率	无	2	2	1.5	2	1	1.5	4	4	1	1	1.5	2	2
	法律秩序	无	4	5	1.5	5	2	4.73	5	5.52	1.03	2	2.7	3	2
	腐败程度	无	2	2.83	1.29	2.67	1.83	1.83	3.94	5	1	1.5	1.83	1.88	2.83
	种族冲突争端	无	5	5	2.5	6	4	2.74	5	3.5	5	2	3	3.5	3
	宗教争端	无	2.7	4	1	4	4	4.23	5.5	6	4	1.5	4	2.5	6
	社会经济条件	无	5	9	1	8	4	5	8	9	4	2	3	5	7
	投资环境	无	6.22	9.67	7.84	9.9	6.73	4.96	11.94	11.75	3.13	6.5	7.85	7.82	7.4

表 7-18　分级结果（Ⅰ）

一级指标	政治环境											经济评价						资源技术					
指标名称	投资环境条件	社会经济条件	宗教种族冲突争端	腐败程度	法律秩序	政府效率	军事干预	民主化程度	外部冲突	内部冲突	政权稳定	平均单井产量（作业者单位产量所得）	作业者单位产量所得	作业者所得	作业者内部收益率	项目投资回收期	活跃公司数	授予新许可证井数	钻井井数	单井新增储量	钻井成功率	产量	剩余可采储量
单位	无	无	无	无	无	无	无	无	无	无	无	吨	美元/桶油当量	%	%	年	个	个	口	百万桶油当量/口	%	万吨	万吨
印尼	0.30	0.14	0.38	0.10	0.34	0.17	0.15	0.05	0.05	0.16	1.00	1.35	0.62	0.63	0.42	0.97	0.06	0.30	0.12	0.49	0.23	1.40	1.10
泰国	0.30	0.11	0.23	0.25	0.37	0.17	0.14	0.08	0.16	0.19	1.06	0.90	0.62	0.63	0.42	0.60	0.21	0.39	0.12	0.50	0.14	1.63	1.25
马来西亚	0.18	0.00	0.15	0.19	0.20	0.08	0.04	0.06	0.05	0.08	1.18	0.71	0.59	0.56	0.37	0.28	0.27	0.32	0.25	0.46	0.24	1.43	1.00
文莱	0.05	0.05	0.08	0.19	0.10	0.04	0.04	0.25	0.00	0.00	0.00	1.02	0.58	0.56	0.37	0.28	0.27	0.36	0.28	0.44	0.10	1.71	1.20
哈萨克斯坦	0.32	0.09	0.13	0.33	0.28	0.17	0.04	0.21	0.00	0.05	0.30	1.43	0.14	0.14	0.14	0.06	0.08	0.22	0.12	0.50	0.49	1.05	0.68
俄罗斯	0.21	0.14	0.11	0.38	0.30	0.25	0.07	0.19	0.17	0.14	0.50	1.39	0.48	0.28	0.56	1.12	0.00	0.00	0.04	0.40	0.10	0.00	0.50
阿塞拜疆	0.21	0.09	0.14	0.33	0.31	0.25	0.11	0.22	0.20	0.13	0.31	1.31	0.48	0.28	0.56	1.14	0.26	0.39	0.22	0.00	0.10	1.36	0.82
印度	0.29	0.16	0.26	0.30	0.20	0.08	0.08	0.00	0.05	0.23	1.06	1.26	0.62	0.63	0.42	0.94	0.21	0.14	0.15	0.50	0.40	1.40	0.95
沙特	0.11	0.11	0.19	0.20	0.10	0.04	0.04	0.23	0.15	0.14	0.33	0.00	0.42	0.42	0.28	0.35	0.18	0.15	0.12	0.10	0.10	0.07	0.07
阿联酋	0.14	0.00	0.15	0.05	0.20	0.08	0.04	0.18	0.00	0.01	0.11	0.42	0.42	0.42	0.28	0.35	0.18	0.28	0.19	0.10	0.10	0.69	0.47
阿曼	0.11	0.11	0.15	0.19	0.10	0.17	0.04	0.22	0.10	0.09	0.25	1.20	0.56	0.42	0.28	0.28	0.29	0.39	0.21	0.46	0.47	1.28	0.91
伊朗	0.47	0.14	0.15	0.30	0.20	0.17	0.05	0.13	0.25	0.16	0.74	0.26	0.42	0.42	0.28	0.28	0.16	0.16	0.17	0.08	0.15	0.64	0.28
埃及	0.42	0.16	0.30	0.25	0.20	0.17	0.17	0.21	0.13	0.20	1.06	0.86	0.28	0.35	0.34	0.84	0.12	0.37	0.14	0.50	0.28	1.65	0.96

表7-18 分级结果（Ⅱ）

指标名称	单位	科威特	伊拉克	卡塔尔	也门	叙利亚	美国	加拿大	委内瑞拉	尼日利亚	安哥拉	阿尔及利亚	巴西
投资环境	无	0.18	0.32	0.17	0.35	0.46	0.00	0.02	0.53	0.52	0.32	0.32	0.34
社会经济条件	无	0.05	0.23	0.09	0.18	0.16	0.09	0.05	0.18	0.21	0.19	0.16	0.11
宗教种族争端	无	0.15	0.38	0.15	0.15	0.13	0.04	0.00	0.15	0.34	0.15	0.26	0.00
腐败冲突程度	无	0.08	0.40	0.00	0.20	0.25	0.10	0.25	0.15	0.34	0.30	0.25	0.30
法律秩序程度	无	0.10	0.40	0.10	0.40	0.13	0.10	0.00	0.50	0.40	0.36	0.34	0.40
政府效率	无	0.17	0.21	0.17	0.25	0.21	0.00	0.00	0.25	0.25	0.21	0.17	0.19
军事干预	无	0.04	0.29	0.08	0.17	0.17	0.08	0.08	0.23	0.17	0.17	0.13	0.17
民主化程度	无	0.15	0.08	0.20	0.12	0.23	0.00	0.01	0.15	0.13	0.19	0.12	0.05
外部冲突	无	0.07	0.20	0.18	0.15	0.22	0.10	0.00	0.13	0.13	0.00	0.08	0.05
内部冲突	无	0.15	0.24	0.10	0.25	0.25	0.05	0.03	0.16	0.23	0.14	0.17	0.07
政权稳定	无	1.25	0.74	0.12	0.62	0.62	0.51	0.51	0.70	0.69	0.39	0.65	0.56
平均单井产量	吨	0.30	0.44	0.44	0.94	1.21	1.50	1.45	0.37	0.60	0.46	0.56	1.44
作业者单位产量所得	美元/桶油当量	0.42	0.42	0.56	0.18	0.18	0.00	0.04	0.69	0.36	0.57	0.37	0.18
作业者所得	%	0.42	0.42	0.42	0.19	0.19	0.00	0.03	0.70	0.25	0.30	0.39	0.06
作业者内部收益率	%	0.28	0.28	0.67	0.12	0.12	0.07	0.14	0.34	0.70	0.67	0.00	0.62
项目投资回收期	年	0.35	0.28	1.03	0.56	0.56	0.00	0.00	0.81	1.31	1.17	0.19	1.40
活跃公司数	个	0.18	0.18	0.24	0.25	0.25	0.00	0.00	0.21	0.12	0.20	0.20	0.12
授予新许可证数	个	0.24	0.34	0.37	0.31	0.31	0.14	0.15	0.36	0.40	0.38	0.32	0.15
钻井井数	口	0.12	0.18	0.30	0.25	0.25	0.06	0.11	0.37	0.22	0.23	0.24	0.16
单井新增储量	百万桶油当量/口	0.10	0.11	0.44	0.50	0.50	0.49	0.49	0.37	0.48	0.43	0.44	0.44
钻井成功率	%	0.10	0.12	0.50	0.35	0.21	0.32	0.31	0.40	0.20	0.28	0.30	0.33
产量	万吨	0.68	0.60	1.44	1.75	1.74	0.35	0.64	0.74	1.06	0.97	1.25	0.70
剩余可采储量	万吨	0.44	0.33	0.90	1.05	1.09	0.66	0.25	0.00	0.65	0.75	0.74	0.72

7.2.3.3 评价结果

根据每项指标的综合指数的大小对指标进行排名，综合指数由构成其的资源技术指数、经济评价指数和政治环境指数分别乘以它们相对应的权重，然后计算它们的和而得到。综合指数的值越小就代表石油企业投资所面临的环境越好，具体评价结果见表7-20。

表7-20 评价结果

国家名称		资源技术指数	经济评价指数	政治环境指数	综合指数	综合排序	混合排序
"一带一路"沿线国家	印尼	1.0747	0.8914	0.5724	0.9760	17	24
	泰国	1.2384	0.6289	0.6117	0.9826	18	25
	马来西亚	1.0764	0.4142	0.6139	0.8137	9	15
	文莱	1.2681	0.4575	0.0452	0.9008	10	17
	哈萨克斯坦	0.7983	0.2686	0.2313	0.5745	7	10
	俄罗斯	0.1490	0.9400	0.3465	0.4383	5	7
	阿塞拜疆	0.9648	0.9393	0.2558	0.9067	11	18
	印度	1.0450	0.8625	0.5831	0.9494	15	22
	沙特阿拉伯	0.0824	0.3074	0.2291	0.1710	1	1
	阿联酋	0.5191	0.3675	0.1000	0.4372	4	6
	阿曼	0.9879	0.4564	0.1839	0.7470	8	13
	伊朗	0.4443	0.3071	0.4628	0.3978	2	4
	埃及	1.1845	0.6768	0.6102	0.9678	16	23
	科威特	0.5023	0.3503	0.6497	0.4596	6	8
	伊拉克	0.4422	0.3328	0.4966	0.4079	3	5
	卡塔尔	1.0748	0.7914	0.1169	0.9095	12	19
	也门	1.2669	0.4868	0.4072	0.9355	13	20
	叙利亚	1.2632	0.5254	0.4135	0.9472	14	21
其他国家	美国	0.3988	0.2218	0.2674	0.3281	1	2
	加拿大	0.4575	0.2297	0.2584	0.3644	2	3
	委内瑞拉	0.4687	0.6721	0.4606	0.5390	3	9
	巴西	0.7931	0.9278	0.4852	0.8187	7	16
	尼日利亚	0.7720	0.8574	0.2937	0.7685	6	14
	安哥拉	0.9179	0.2632	0.4161	0.6550	4	11
	阿尔及利亚	0.6065	1.0479	0.3556	0.7429	5	12

备注：综合排序为根据综合指数的评价结果进行的排序，并分为对"一带一路"沿线18个国家和其他7个国家从高到低依次进行排序。混合排序是将"一带一路"沿线18个国家和其他7个国家混合在一起，根据综合指数的评价结果统一从高到低依次进行排序。

"一带一路"沿线国家中选取了主要石油资源国和美洲的美国、加拿大、巴西、委内瑞拉及非洲的阿尔及利亚、安哥拉、尼日利亚等其他世界主要石油生产国，这些国家 2016 年探明储量为 15207.7 亿桶，占到世界探明石油储量的 89.1%，并几乎包含了全球主要的石油出口国，对世界石油市场起到决定作用。

（1）基于资源技术评价结果来看，"一带一路"沿线国家中从高到低依次排序为沙特阿拉伯、俄罗斯、伊拉克、伊朗、科威特、阿联酋、哈萨克斯坦等国家。其他国家中从高到低依次排序为美国、加拿大和委内瑞拉、阿尔及利亚和尼日利亚等国家。这些国家石油储量丰富，均居于世界前列。

（2）基于经济评价结果来看，"一带一路"沿线国家中从高到低依次排序为哈萨克斯坦、伊朗、沙特阿拉伯、伊拉克、科威特、阿联酋、马来西亚和文莱等国家。其他国家中从高到低依次排序为美国、加拿大、安哥拉、委内瑞拉和尼日利亚等国家。

（3）基于政治环境评价结果来看，"一带一路"沿线国家中从高到低依次排序为文莱、阿联酋、卡塔尔、阿曼、沙特阿拉伯、哈萨克斯坦、俄罗斯等国家。其他国家中从高到低依次排序为加拿大、美国、尼日利亚、阿尔及利亚和安哥拉等国家。

（4）按照计算得出的综合评价指数，中国石油企业对外直接投资在"一带一路"沿线国家中的主要优选区域按照排序由高到低依次排序为沙特阿拉伯、伊朗、伊拉克、阿联酋、俄罗斯、科威特、哈萨克斯坦、阿曼等国家。

作为比较分析的其他世界主要石油生产国中，按照计算结果从高到低依次排序为美国、加拿大、委内瑞拉、安哥拉、阿尔及利亚、尼日利亚和巴西，这些国家对于中国石油企业也具有一定的吸引力。

如果将所有选取的样本国家，按照综合评价结果从高到低依次排序为沙特阿拉伯、美国、加拿大、伊朗、伊拉克、阿联酋等国家。

根据综合评价结果来看与现实情况较为吻合，中国与"一带一路"沿线的中东、俄罗斯等世界主要产油国有着良好的合作基础。中国石油企业在中东、俄罗斯以及非洲有着大量的投资合作开发项目，美国、加拿大虽然综合评价指数、资源技术和经济评价指数排序靠前，但是由于美国本身是世界最主要的石油消费国和进口国，加之对于外国企业石油投资和石油出口有一定限制；加拿大石油资源虽然丰富，但主要是油砂矿，油藏品位不高；南美洲的委内瑞拉虽然石油资源储量位居全球第一，但由于近年来政治经济环境不断恶化，不确定性因素增多。随着中非合作的不断深入，中国石油企业对非洲国家的投资在稳定增长。中国石油企业最主要的对外直接投资区位还是"一带一路"域内中东主要石油生产国和俄罗斯及中亚主要石油生产国。

7.3 本章小结

本章对"一带一路"沿线重点石油资源国的投资区位选择进行了综合分析和评价。"一带一路"沿线石油资源国已成为中国石油企业对外石油投资合作的核心区域,也是中石油企业对外石油投资合作石油产量和经济效益的主要来源地,同时也是中国石油企业国际化战略实施过程中跨国油气战略通道的资源保障区和优势产能合作的主要市场。

中国石油企业在对外直接投资的区位选择会受到第五章和第六章所述各种因素的影响,根据每个国家的投资环境由于所处的地理位置、自然条件、技术发展水平、社会治理水平、经济发展水平及自然资源等的不同,在"一带一路"石油资源国家的政治、经济、资源环境等评估结果的基础上,应用 AHP 方法进行实证分析,确定中国石油企业对外直接投资的目标国家。

本章确定选择的中国石油企业投资的目标国家为社会治理水平高,政治稳定,石油资源储量高、品位好,石油资源勘探开发成本较低等投资环境较好且投资风险相对较低的"一带一路"沿线石油资源国,同时选取世界几个主要石油生产国进行了比较分析。中国石油企业最主要的对外直接投资区位还是"一带一路"域内中东主要石油生产国,如沙特阿拉伯、伊朗、伊拉克、阿联酋和俄罗斯及中亚主要石油生产国。对外石油投资要关注规模效应,在非洲、南美洲及东盟等进行石油投资时应从区域整体的角度来进行综合评价。

第8章 结论、政策建议与研究展望

8.1 主要研究结论

"一带一路"倡议的实施给沿线国家投资、贸易带来便利化，形成了一个互惠共赢的合作平台，能源合作是这个合作平台的重要组成部分。"一带一路"沿线石油生产国蕴藏着丰富的石油资源，也是世界主要石油出口和中国石油进口来源地，随着中国对外石油依存度的不断提高，满足国家能源需求，如何在"一带一路"背景下实现中石油企业对外直接投资的合理区位选择，对于保障中国能源安全、实现中国石油企业经营战略具有重要的理论与现实意义。

本书梳理了对外直接投资的理论和文献，分析了中国三大石油企业的对外直接投资现状、特征及在"一带一路"背景下中国石油企业对外石油投资合作所面临的机遇和问题，分析了国外石油企业对外投资区位布局的特征和经验借鉴，并在国家特定优势论的基础上结合中国石油企业的特殊性进行理论分析和构建中国石油企业对外直接投资合作区位选择的理论模型，并分别从投资母国和"一带一路"沿线东道国视角下，就中国石油企业对沿线国家进行投资合作及区位选择的影响因素进行实证分析，最后分析重点投资合区位的选择。现得出以下结论。

8.1.1 中国企业对外直接投资有不同于其他国家的理论特点

国家特定优势作为既有对外直接投资理论的重要补充，从投资母国实务角度拓展了企业竞争优势的来源，在国际生产折中理论（OLI 理论）的框架内融入投资母国优势的影响因素，在企业所有权优势、内部化优势、区位优势之外，开创性地将"国家特定优势"理解为构成企业优势的第四个方面的因素，也能够较好地解释中国石油企业对外投资与合作的现象。中国石油企业是大型国有企业，在追求企业利润最大化的同时，还要承担起保障国家能源安全供给的目标。国家特定优势是中国石油企业对外投资的基石，为中国石油企业在国民收入及服务业发展水平等方面提供基础性条件，是形成企业对外投资优势的重要外部来源。

国家特定优势较好地解释了当前国际环境下和中国现实情境下中国石油企业的组织资源和投资能力。目前处于主流的发达国家对外直接投资理论没有将国家特定优势纳入 OLI 分析范式，可能是由于其本身就是针对发达经济体的企业行为作为研究对象，发达经济体企业所有权优势本身就源自于其在技术、管理、资金等方面的国家特定优势，故而为了避免重复未将国家特定优势进行考虑。但是发展中国家和新兴经济体企业的制度环境和国际化发展路径的不同，国家特定优势在其企业国际化发展进程中的跨国资源整合具有更加有效的作用。国家特定优势可以促进中国石油企业形成比较"所有权优势"，具备在对外直接投资时的竞争优势。在"一带一路"倡议实施的背景下，中国石油企业所有权优势向沿线资源国的转移，形成中国石油企业的内部化优势和对外直接投资的区位优势。

8.1.2 形成中国石油企业对外直接区域选择的理论分析框架

中国经济的发展兼具发达国家和发展中国家的特点有着其特有的规律，在研究中国及中国企业对外直接投资问题时，应当在已有的理论基础上不断结合新的环境和情况，以及需要解决的实际问题进行有针对性的研究，这样形成的研究成果也就更具有现实意义，也可以更好地为中国及中国企业对外直接投资行为提供理论支撑。

（1）中国石油企业的对外直接投资区位选择是在众多因素共同作用下做出的决策，作为资源导向型的对外直接投资，中国石油企业在投资区位的选择过程中，主要受到经济因素、政治因素和资源因素的影响，同时还会受到国内因素的影响。由于中国石油企业有别于国际大型独立石油公司和资源国国家石油公司，所处的外部环境及自身内在发展动力的不同，其对外直接投资与合作有着自身的特色。

（2）中国石油企业对外直接投资的区位选择是规避投资风险的关键第一步，如果只是出于企业利益最大化的角度不能做出最优决策，应该以国家整体利益的实现为出发点，在此基础上兼顾企业的微观利益。中国对外石油投资合作的驱动力也是在国家利益和石油企业利益相一致的基础上形成的。

（3）中国石油企业是投资行为主体，在处于复杂的国际石油投资环境中，只有在政府的引导和政策支持下，才会有更大的作为。在"利用两种资源，开拓两个市场"的国家能源安全和经济发展战略导向下，国家特定优势促成中国石油企业形成企业自身的所有权优势、内部化优势和区位优势，通过对"一带一路"沿线国家对外投资合理的区位选择，在实现企业利益最大化的同时做到国家利益和企业利益的耦合。

（4）借助于扩展引力模型来分析"一带一路"沿线石油资源国的影响因素如何来形成中国石油企业对外直接投资区位选择的机制，并构建中国石油企业对外直接投资区位选择的理论分析框架。

8.1.3 中国石油企业对外直接投资母国的影响因素

作为投资母国，中国的经济环境、石油产业发展环境、国内石油供给、国内石油需求及石油价格等方面对于中国石油企业的对外投资合作产生重要影响。本书通过设定计量模型，对上述几个方面的影响因素进行了实证分析，结果显示经济环境、国内石油供给和石油价格对于中国对外石油投资合作有着显著的影响。中国经济快速发展过程中石油供给缺口越来越大，石油企业实力的增强使中国对外石油投资规模不断加大。

8.1.4 中国石油企业对外投资合作区位选择东道国的影响因素

中国石油企业对外投资合作是资源配置决策的过程。受到资源国的政治、金融、经济、技术、基础设施等一系列因素的影响。中国对于石油供给巨大的缺口，形成了中国石油企业对外直接投资最根本的动机，因此，本书从"一带一路"沿线石油资源国政治、经济、资源及其他方面的影响因素进行了分析，从东道国的视角实证分析中国石油企业对"一带一路"沿线国家直接投资区位选择的决定因素。对现有对外直接投资理论进行延伸和拓展，对于从有别于传统制造业为研究对象的具有特定行业属性的石油企业对外直接投资的区位选择的现实需求出发，进一步完善了对外直接投资理论的解释广域度，研究"一带一路"沿线石油资源国对中国石油企业投资区位选择的各影响因素，为政府制定相关政策和企业进行投资决策具有一定的参考作用。作为关系国计民生重要的战略资源，石油不仅关系国内经济建设，同时与人民币国际化、"一带一路"建设的推进、中国在国际话语权的增加等都有直接的关联，也是中国对外直接投资金额最多、影响最为广泛的投资领域之一。

8.1.5 中国对"一带一路"石油投资合作重点区位选择

"一带一路"沿线石油资源国已成为中国石油企业对外石油投资合作的核心

区域，也是中石油企业对外石油投资合作石油产量和经济效益的主要来源地，同时还是中国石油企业国际化战略实施过程中跨国油气战略通道的资源保障区和优势产能合作的主要市场。中国石油企业对外直接投资区位选择的目标国家为社会治理水平高，政治稳定，石油资源储量高、品位好，石油资源勘探开发成本较低等投资环境较好且投资风险相对较低的"一带一路"沿线石油资源国。

本书在构建系统、全面的评价指标基础上，对"一带一路"重点石油资源国投资的区位选择，应用 AHP 方法进行综合分析，进而确定"一带一路"石油投资合作的沙特阿拉伯、伊朗、伊拉克、阿联酋、俄罗斯等国家为重点国家，随着国际石油市场格局的变化和中国石油企业发展战略的调整，"一带一路"建设的深入推进给中国石油企业带来新的机遇。

8.2 政策建议

中国石油企业对外直接投资的区位决定因素具有较为明显的行业特征，在"一带一路"倡议实施的背景下，域内各国政府间的沟通更加顺畅，区域经济联系更加紧密，中国对沿线国家的投资连年快速增长，而能源领域的合作又是"一带一路"建设的重要着力点。沿线石油资源丰富的国家对于中国石油企业的吸引力越来越大。在获取石油资源、提升中国石油企业国际竞争力的同时，也使中国石油企业为保障国家能源安全供给发挥更为重要的作用。

8.2.1 积极推动"一带一路"国家石油合作对话机制

8.2.1.1 协调沟通、构建合作机制

以石油为核心的能源资源是现代工业的"血液"，为各国制造业和世界经济的健康运行提供了源源不断的动力。中国作为全球最大的石油消费和进口国，石油安全供给关系到人民群众的生产生活、关系到国民经济各个行业的正常运行。通过推动构建"一带一路"国家的石油合作对话机制，加强区域内石油生产国、消费国、中转过境国之间的务实合作，明确各相关方的责任和利益。通过域内国家间石油合作机制的创新，在"一带一路"倡议实施的背景下进一步加强各国间的协调沟通，针对"一带一路"沿线各国及合作方合作中存在的问题及时、动态地修改、更新相关合作协议，及时解决存在的分歧和问题，并探索建立预警机制，使"一带一路"国家间的石油合作保持顺畅、高效。

8.2.1.2 发挥政府的引导作用

政府相关部门研究制定有序推动"一带一路"合作建设的政策，加大包括对外石油合作项目在内对外产能合作项目的支持力度。通过政府政策的引导作用，需要充分调动一切可能的资源，充分实现国内外各种资源协作支持中国石油企业对沿线国家的投资合作。当政策性金融先行进入沿线相关国家，作为政府金融支持体系核心和载体的亚投行、丝路基金业务的重点是在"一带一路"发展进程中寻找投资机会并为"走出去"的企业提供相应的投融资服务，并通过互联网＋的创新服务模式，为中国石油企业参与、推进"一带一路"建设提供必要的政策支持。

8.2.2 设置专门的职能机构推进"一带一路"石油投资合作

8.2.2.1 整合资源、形成对外合力

长期以来中国在国际石油市场上存在话语权不足等问题，无法有效参与国际石油价格的形成机制和世界石油市场的规则制订，只能被动接受相对较高的进口石油价格。鉴于中国在世界经济中影响力的不断提升，并逐渐成为世界石油格局变革的主要推动者，在"一带一路"倡议实施所带来全球治理结构再造的大背景下，随着我国与世界经济的进一步融合和对外投资的加大，海外石油合作项目将会不断增加，尤其是要加大与"一带一路"沿线国家石油合作项目的开发，而在相应的机构序列中，只有隶属于国家发展改革委员会的能源局油气司负责包括石油、天然气领域的管理工作。为了打破西方国家及大型跨国石油企业对世界石油资源和市场的垄断，应设置专门的职能机构，以便于整合相关社会、企业、机构等各方面的资源，同沿线国家共同参与石油领域国际规则的制定，在国际石油基准价格的形成、石油合作开发项目模式、石油贸易规则、石油行业标准等方面发挥积极的作用。

8.2.2.2 完善管理体制

出于国家能源战略的考虑，为了更好维护中国石油企业在"走出去"进程中的权益，政府层面应加强对中国与"一带一路"沿线国家进行石油投资合作的政策支持，从国家统一发展战略出发，成立一个整体的协调机构，从我国利益最大化的角度进行统一规划，对进行海外石油项目的投资合作进行布局，协调中国石油、中国石化等国有石油公司和其他相关联企业，联动形成中国石油产业对外的合力。中国目前已经建立了较为完善的境外资产监督管理体系，但是管理权限分

散于各个部门，对于投资管理政策的操作、目标的实现以及企业投资审批的时效性等方面有必要建立一个更加一体化的高效管理体系。

8.2.3 健全对沿线国家石油投资的政策支持体系

8.2.3.1 提供必要的政策支持、引导对外石油投资合作

为了确保能源供应安全，在国内石油产量不断递减的条件下，加强政府政策的支持和金融支持。坚持对重大项目的审批制度，加强企业之间的协调，规范企业投资行为，避免出现中国石油企业之间恶性竞争的局面出现，充分发挥三大国有石油企业在对外直接投资与合作中的引领作用，带动多种所有制企业抱团出海，加大政府在税收、保险等领域加强对中国石油企业对外直接投资的政策扶持。石油资源关系国家能源安全、中国在国家石油市场上话语权以及石油企业国际竞争力，加上石油资源历来受到各个资源国政府的管控和关注，有时仅仅依靠企业的力量推动上游项目的发展具有较大的难度，因此需要通过政府政策扶持为企业海外上游项目的投资合作提供必要的支持。

8.2.3.2 制订中国对外石油投资的战略发展规划

中国石油企业肩负保障国家能源安全供给的使命，在保证石油安全供应的基础上，结合"一带一路"倡议的实施，基于发展域内国家贸易、经济发展制订出中国对外石油投资的中长期发展规划，针对区域内不同国家发展水平、安全形势、资源储量、运输便利性、外交关系等种种因素制订差异性的投资战略规划。中国石油企业进入国际石油市场、开展跨国生产经营的时间相对较短，实践经验、控制的石油储量、企业规模和中国能源需求相比较缺口较大，为了保障企业长远发展和国家能源安全，目前首要任务是维持一定的储量增长水平，因此，应采取重视已有区块的勘探和资产收购相结合的方式来保证储量的持续增长。从 1993 年开始，中国石油企业开始进行海外石油项目的投资，目前投资和合作的石油开发项目已经遍布于世界主要的石油资源富集区，随着 2014 年国际石油价格的大幅下跌，各国石油企业普遍出现了经营困难，为了企业生存，在国际市场上大量的石油资产项目等待出售，各种并购机会增多，且报价均较前些年有较大幅度的下跌。中国相关企业应利用这次国际油价调整的机会进一步加快"走出去"的步伐，在国际市场上寻求"一带一路"沿线国家石油资产交易的可能性，并结合石油石化上下游产业链及相关行业进行投资合作，以分散风险，降低生产运营成本。

8.2.4 加强沿线国家的石油金融合作

8.2.4.1 建立"一带一路"石油产业的金融合作机制

从近年来中国石油企业对外投资，进行石油合作开发的现状来看，一是投资和石油开发的生产经营活动本身就产生了巨大资金流、物流和人员流动，同时带动了我国石油相关技术研究机构、石油装备制造企业、技术和后勤保障服务企业"走出去"，从而产生了巨大的金融服务市场。为了便于资金融通，应鼓励中资金融机构同步"走出去"，并加强对沿线国家的分析研究，更好地为"走出去"企业提供融资、结算等金融服务，提高为"走出去"企业金融服务的针对性和有效性。加强构建与沿线国家的金融合作体系、支持互设分支机构、建立区域金融安全保障机制。

8.2.4.2 积极开展多元化国际石油金融合作

一是以投资换资源，以外汇储备、金融机构作后盾，通过信贷等方式，支持中国石油企业在"一带一路"沿线国家从事石油项目开发及相关基础设施等方面的建设，东道国则以石油资源勘探开发权及收益作为对建设投资的偿还；二是以信贷换取石油资源，通过我国金融机构与石油企业捆绑式联合对沿线资源国经济建设提供信贷支持，获取资源国的资源或资源开发权益；三是非直接石油合作模式，就是东道国石油储量评价后以专项资产的形式注入中国的石油投资基金，并按其投入计价把收益部分的一定比例为其设立专用账户。一般来讲，中国石油企业通过金融合作介入资源国金融体制中，相较于投资合作项目，更有利于拥有对石油资源作价机制的权益。

中国石油企业"走出去"也就是几十年的时间，而且面对的是较为恶劣的地缘环境和资源基础，因此必须进行大量的勘探开发、项目建设、技术研究、设备研发的投资，而且还有油气管道、输油设施、码头油轮等一系列相关基建项目的投资，如连接中亚、缅甸、东南亚的输油输气管线的建设，这些投资不仅投入资金巨大，同时面临国际上政治、经济风险。虽然中国已成为全球第二大经济体和最大的石油消费市场，但由于在国际石油市场和石油金融市场的影响力还很有限，一直以来被动接受价格波动、承受溢价损失，对中国石油企业及其相关产业的国际化运营和发展产生了不利的影响。在美元石油仍处于垄断地位的情况下建设人民币石油体系，还要面对欧元石油、日元石油的竞争，因而要提升中国石油企业在国际石油市场的影响力的实现途径，就是在基于"一带一路"的视阈下，通过政策引导积极与沿线国家合作建设具有对国际石油价格具有影响力的石油现货与期货市场，丰富石油金融市场产品，创新石油金融的产融结合模式，以此推进中国石油企业对"一带一路"沿线国家的石油投资与能源领域的深度合作，提升在国际石油市场上的话语权，确保我国能源供应安全。

8.2.5 做好风险防范、坚持文化科技的输出

8.2.5.1 做好石油投资风险防范

石油探明储量是石油企业持续经营和发展最根本的资产，要在投资决策前就构建起有效的风险防范机制。虽然"一带一路"资源国整体来讲，大部分的投资环境相对较好，但是还有一部分国家存在一定投资风险，这需要防范投资风险，从政府层面出发进行协调，制定相应的投资保护政策，完善对外直接项目的审批监管，加强与东道国进行政府间的合作保护中石油企业的投资权益。如俄罗斯投资环境好，石油资源丰富，具有完善的石油工业环境和石油工业体系以及相关的制度运营环境，但仍处于中等投资风险国家，按照指标分析可知主要是政治风险。由于石油出口在俄罗斯出口中占有重要比重，中俄能源合作是两国重要合作和贸易领域，两国之间通过政府间协商渠道中有关石油合作问题的协调机制已经基本成熟，并且也取得了一定成效，中国石油企业已经通过多种形式投资俄罗斯石油工业，参与了多个项目的合作开发，继续加强两国政府合作，通过推动法治、政策层面建设保障合作双方企业的权益，对两国及两国石油企业都具有积极的意义。

还有部分国家虽然投资环境一般、投资风险较高，但是石油储量可开发潜力位居世界前列。这就需要从政府和企业两个层面共同采取一定应对措施，除了加强政府间合作，签订双边投资贸易协议外，企业也要加强风险管控，一是投资合作模式采取投资存量较少的方式，二是在合同谈判过程中增加风险收益比例，三是增加动态管理和风险预测，及时采取相应措施。如伊拉克是世界上最主要的石油出口国，在国际石油格局占有重要的地位，历来是国际大型石油公司投资的目标区域，石油资源禀赋位居世界前列。但由于其政局不稳、安全风险大、社会经济发展滞后，属于投资环境一般、投资风险较高的国家，对于石油资源分布极为不均衡的现状，以及海湾战争后伊拉克石油工业重建需要，在伊拉克对其石油资源开发的过程中，中国石油企业对其进行了大量的投资。目前，中国石油企业

在伊拉克有大量的石油投资项目并签署大量的石油技术服务合同，中国最大的石油企业中国石油海外权益分成产量的 48% 来自伊拉克的投资项目，随着伊拉克政局趋于稳定，石油工业是伊拉克的经济支柱产业，两国政府之间有着良好的合作关系，中国长期以来一直支持和帮伊拉克实现稳定与发展，中国石油企业在积极加强与伊拉克的合作，并采取多种措施最大可能去降低风险，一是部分项目采取国际联合招标，二是部分投资合作项目采取服务合同模式以减少资产存量的投入，三是增加本地化员工比例，四是加强安全保卫措施等一系列举措并取得积极的效果。

还有部分国家投资环境较好，也属于较低投资风险国家，但是石油资源储量一般，国土面积较小，而石油企业需要一定的规模才具有投资的意义，这需要从政府加强对外石油投资项目的审批监管，从"一带一路"整体出发加强政府层面的统一协调，一是加强与相关国家政府间投资管理政策的协调，二是对于投资企业之间总体协调。如同样属于东盟国家的马来西亚和印度尼西亚两个国家。这两个国家相邻，投资环境排名相对靠前、投资风险相对较小，存在一定石油资源储量，但石油资源禀赋又属于一般水平，为了保证合理的石油投资密度，需要在政府投资政策的引导下，中国石油企业合理布局，以一定区域内国家统一布局，既保证一定投资规模和效益，又能实现企业全球化发展的战略实现，同时合理布局石油工业上下游产业链，实现与沿线国家的互利多赢。

8.2.5.2 坚持企业国际化发展与文化科技输出

由于各个国家之间的民族传统、宗教信仰、风土人情及生活习俗等都不尽相同，中国石油企业在借助"一带一路"的政策红利，在参与对域内石油资源开发项目投资合作的同时，推进其国际化发展战略的实施，不断增加企业资源储量和全球竞争力的提高，同时通过与资源国的合作，输出中国文化和技术，通过在发挥中国在文化教育领域的优势，开展跨文化教育培训，对投资的资源国开展石油开发领域技术的合作探索，促进跨国间的人才和科技生产要素的流动，提高中国石油企业投资合作项目的开发水平的同时，帮助资源国科技文化水平的提高，体现合作共赢理念，减少企业当地运营阻力。

8.3 进一步研究与展望

作为中国对外经济合作的热点，"一带一路"倡议实施的背景下中国企业如何更好地推进对外投资合作，从企业的具体问题出发进行研究具有重要的现实意义。本书在梳理有关文献和理论的基础上，从中国石油企业的视角出发，借鉴国外石油企业的对外投资区位布局的经验，及中国石油企业对外直接投资现状的基础上，分析其所面对的机遇和问题，并分别从投资母国和东道国的视角分别展开实证检验，最后对于"一带一路"中国石油企业重点投资区位进行综合分析。

（1）区位选择研究中细化程度有待进一步加强。一是研究数据方面可以进一步进行细化；二是研究问题方面可以考虑更全面，如中国石油企业在中东投资集中度问题的研究，尤其是在国际石油价格处于低位运行期间这个问题的重要性就凸显出来。

（2）投资主体多元化的分析。在2017年国家利好政策的支持鼓励下，中国民营石油企业的快速崛起，获得原油进口权和进口原油使用权的政策机遇，在中国政府大力推行"一带一路"建设的背景下，中国民营企业对外石油投资连连实现重大突破，多项重大建设项目、重要并购项目得以实施，涉及石油全产业链，随着其投资额度和项目数量的不断增加，在今后的研究中也应纳入研究范围。

（3）进一步关注石油产业全产业链的投资。上游项目的合作是为了获取石油企业赖以生存和发展的资源基础，随着中国石油企业国际化程度的不断发展，在关注上游业务的同时，作为国际化大型石油企业要发挥一体化优势，还要有序推进下游炼化业务、销售业务以及石油工程技术服务业务的推进，实现全产业链的对外投资合作。

参考文献

[1] 王海运 . "丝绸之路经济带" 建设与中国能源外交运筹 [J]. 国际石油经济，2013(12):18-20.

[2] 文海旭，王莉 .FDI 区位选择新视角——母合优势 [J]. 软科学，2005(2):38-42,50.

[3] 王碧珺 . 被误读的官方数据——揭示真实的中国对外直接投资模式 [J]. 国际经济评论，2013(1):61-74.

[4] 丁苗，谢光亚 . 中国石油企业国际竞争力评价 [J]. 经济问题探索，2008(11):93-99.

[5] 赵振智，赵松 . 我国国际石油合作中的问题与对策 [J]. 改革与战略，2009(9) : 33-35,52.

[6] 聂名华 . 论中国境外投资的区位选择 [J]. 投资研究，1999(12):7-11.

[7] 周建，方刚，刘小元 . 制度落差、内部治理与中国企业跨国经营 [J].. 中央财经大学学报，2009(3):42-47.

[8] 董世红 . 我国石油企业对外投资的区位选择研究 [J]. 经济研究参考，2015(37):74-81.

[9] 张娟 . 国际直接投资区位理论综述 [J]. 经济纵横，2006(8):77-79.

[10] 尹贤淑 . 中国对外投资现状及其发展趋势分析 [J]. 中央财经大学学报，2009(4):63-67.

[11]BUCKLEY PJ, Lessard DR.Regaining the edge for international business research[J].Journal of International Business Studies，2005，36(6):598-599.

[12] 郑磊 . 东道国经济、制度因素对中国对外直接投资的影响——基于亚洲主要国家的实证分析 [J]. 财经问题研究，2015(11):99-106.

[13] 赵晓晨 . 中国对外直接投资动因分析 [J]. 对外经贸实务，1999(1):33-35.

[14] 胡朝晖 . 我国发展对外直接投资的必要性 [J]. 国际商务 (对外经济贸易

大学学报),2006(2):66-70.

[15] 裴长洪,郑文.国家特定优势:国际投资理论的补充解释 [J].经济研究,2011(11):21-35.

[16] 肖文,周君芝.国家特定优势下的中国 OFDI 区位选择偏好——基于企业投资动机和能力的实证检验 [J].浙江大学学报（人文社会科学版），2014(1):184-196.

[17] 叶刚.我国几家中央部属企业海外企业的近况 [J].外国经济与管理,1992(12):10-12.

[18] 李翀.发展中国家学习型对外直接投资——论发展中国家对外直接投资的原因 [J].福建论坛 (人文社会科学版),2007(6):4-7.

[19] 刘青,陶攀,洪俊杰.中国海外并购的动因研究——基于广延边际与集约边际的视角 [J].经济研究,2017(1):28-43.

[20] 胡博,李凌.我国对外直接投资的区位选择——基于投资动机的视角 [J].国际贸易问题,2008(12):96-102.

[21] 何慧红,余爱云.中国企业对外直接投资的策略探析 [J].特区经济,2010(8):234-235.

[22] 张慧.新经济地理视角下我国对外直接投资区位分布的国别差异研究 [J].现代财经（天津财经大学学报），2014(4):101-113.

[23] 贾玉成,张诚.双边投资协定 (BIT) 对中国 OFDI 区位选择的影响 [J].河北大学学报 (哲学社会科学版),2016(3):82-90.

[24] 宗芳宇,路江涌,武常岐.双边投资协定、制度环境和企业对外直接投资区位选择 [J].经济研究,2012(5):71-82,146.

[25] 饶华,朱延福.制度质量、制度偏向于中国对外直接投资——基于动态面板数据模型的实证分析 [J].江汉论坛,2015(2):5-10.

[26] 陈丽丽,林花.我国对外直接投资区位选择:制度因素重要吗？——基于投资动机视角 [J].经济经纬,2011(1):20-25.

[27] 陈萍萍.“一带一路”沿线国家经济自由度与我国 OFDI 区位选择的关系研究 [J].重庆科技学院学报 (社会科学版),2016(7):29-32.

[28] 戴翔,韩剑,张二震.集聚优势与中国企业“走出去”[J].中国工业经济,2013(2):117-129.

[29] 余官胜,都斌.企业融资约束与对外直接投资国别区位选择——基于微观数据排序模型的实证研究 [J]. 国际经贸探索,2016(1):95-104.

[30]ROGER S,IGOR F. Insider control and the OFDI location decision evidence from firms investing in an emerging market[J].Management International Review,2009(9):433-454.

[31] 张华容,王晓轩,黄漫宇.心理距离对中国 OFDI 区位选择的影响研究 [J]. 宏观经济研究,2015(12):129-136,152.

[32]BHAUMIK S K, China's economic cooperation related investment:an investigation of its direction and some implications for outward investment[J]. China Economic Review,2011(22):75-87.

[33]宋维佳,许宏伟.对外直接投资区位选择影响因素研究 [J].财经问题研究,2012(10):44-50.

[34] 王娟,方良静.中国对外直接投资区位选择的影响因素 [J]. 社会科学家,2011(9):79-82.

[35] 来娇娇,陈瑛.中国与美国对外直接投资区位选择的比较研究 [J]. 资源开发与市场,2012(9):443-445.

[36] 潘素昆,袁然.基于产业升级的中国企业对外直接投资区位选择 [J]. 开发研究,2016(1):146-151.

[37] 王莉娟,王必锋.基于 HMC-FMEC 模型的中国 OFDI 区位选择机制研究 [J]. 统计与决策,2016(20):181-184.

[38] 郝寿义,倪方树,林坦,等.企业区位选择与空间集聚的博弈分析 [J]. 南开经济研究,2011(3):69-78.

[39] 程惠芳,阮翔.用引力模型分析中国对外直接投资的区位选择 [J]. 世界经济,2004(11):23-30.

[40] 吴亮,吕鸿江.网络外部性对中国企业海外投资区位选择的影响 [J]. 财贸经济,2015(3):124-135,149.

[41] 李轩.跨国公司对外直接投资区位选择理论研究进展述评及展望 [J]. 东北师范大学学校 (哲学社会科学版),2015(2):71-78.

[42] 周建,方刚,刘小元.制度落差、内部治理与中国企业跨国经营 [J]. 中央财经大学学报,2009(3):42-47.

[43] 肖光恩 . 国际直接投资区位选择理论发展的新趋势 [J]. 亚太经济，2009(2):10-14.

[44]PAL D, SARKAR J.Spatial competition among multistore firms[J]. International Journal of Industrial Organization,2002(20):163-190.

[45] 吴启龙 . 我国对外直接投资区位选择的影响因素综述 [J]. 重庆科技学院学报 (社会科学版)，2016(9):31-35.

[46]FLORES RG, AGUILERA RV. Globalization and location choice : an analysis of US multinational firms in 1980 and 2000[J].Journal of International Business Studies，2007(7):1187-1210.

[47]ANNA L，GRIGORIOS L. Agglomeration，catch up and the liability of foreignness in emerging economies[J].Journal of International Business Studies，2013，44(6):579-606.

[48] 唐礼智，狄炀 . 集聚、外部性与 OFDI 区位选择 [J]. 宁夏社会科学，2009(2):47-52.

[49]MAPONGA O, MSXWELL P. The internationalization of the Australian mineral industry in the 1990s[J].Resources Policy，2000,26(9):199-210.

[50]ANNANDALE D,TAPLIN R. Is environmental impact assessment regulation burden to private firms?[J].Environmental Impact Assessment Review，2003，23(1):383-397.

[51] 陈培茹，冼国明，马骆茹 . 制度环境与中国对外直接投资——基于扩展边际的分析视角 [J]. 世界经济研究，2017(2):50-61.

[52] 张光辉，黄志启 . 政策激励对资本区位选择和福利影响的研究 [J]. 预测，2010(3):1-5.

[53] 王永钦，杜巨澜，王凯 . 中国对外直接投资区位选择的决定因素：制度、税负和资源禀赋 [J]. 经济研究，2014(12):126-142.

[54] 惠宁，周晓唯 . 中国企业对外直接投资区位选择及其决策研究 [J]. 兰州文理学院学报（社会科学版），2018(4):70-75.

[55] 袁佳 ."一带一路"基础设施资金需求与投融资模式探究 [J]. 国际贸易，2016(5):52-56.

[56] 郭立宏，任保平，宋文月 . 新丝绸之路经济带建设：国家意愿与策略选

择 [J]. 西北大学学报（哲学社会科学版），2015(7):11-17.

[57] 李向阳. 构建"一带一路"需要优先处理的关系 [J]. 国际经济评论，2015(1):54-63.

[58] 王琴梅，张玉. 丝绸之路"核心区"物流业效率进行了整体评价及分省区、国别比较 [J]. 陕西师范大学学报（哲学社会科学版），2017(5):5-15.

[59] 苏格. 全球视野之"一带一路" [J]. 国际问题研究，2016(2):1-13.

[60] 裴长洪，于燕. "一带一路"建设与我国扩大开放 [J]. 对外经贸探索，2015(10):5-18.

[61] 卫玲. "一带一路"：新型全球化的引擎 [J]. 兰州大学学报（社会科学版），2017(3):23-29.

[62] 袁培. "丝绸之路经济带"框架下中亚国家能源合作深化发展问题研究 [J]. 开发研究，2014(1):51-54.

[63] 汪莹，周小靖，黄海珠. "一带一路"背景下我国矿产资源企业"走出去"的合作策略 [J]. 国际贸易，2016(6):34-37.

[64] 刘佳骏. "一带一路"战略背景下中国能源合作新格局 [J]. 国际经济合作，2015(10):30-33.

[65] 杨晨曦. "一带一路"区域能源合作中的大国因素及应对策略 [J]. 国际政治与经济，2014(4):124-128.

[66] 张琼，张珂，杨晓龙，等. "一带一路"沿线国家油气投资环境评价研究 [J]. 价格理论与实践，2018(4):78-81.

[67] 金焕东，孙依敏，朱颖超. 中国石油企业"一带一路"对外合作面临的机遇与挑战 [J]. 国际石油经济，2017(8):30-35.

[68] 张璐，惠宁. 一带一路背景下中国对外石油投资合作面临的机遇与挑战 [J]. 对外经贸实务，2018(1):78-81.

[69] 武文静，周晓唯. 丝绸之路经济带战略视阈下西安建设西部能源金融中心的优势测度 [J]. 陕西师范大学学报（哲学社会科学版），2017(3):60-68.

[70] 赵振智，赵松. 我国国际石油合作中的问题与对策 [J]. 改革与战略，2009(9):33-35,52.

[71] 张新文，高新伟. 国际油价下跌对我国石油企业影响及其应对策略 [J]. 价格理论与实践，2015(12):155-157.

[72] 曲会朋,李宁,赵亚芝.我国参与国际石油合作的模式及保障措施研究[J].经济纵横，2014(11):46-49.

[73] 马克思.资本论[M]第三卷.北京:人民出版社，1975.

[74] 马克思，恩格斯.马克思恩格斯全集.[M].第25卷.北京:人民出版社，1974.

[75]HYMER,S.International Operations of National Firms:A Study of Direct Foreign Investment[D].DoctoralDissertation,Massachusetts Institute of Technology,1960.

[76]RAYMOND V . International Investment and International Trade in the Product Cycle[J].Quarterly Journal of Economics，1966(80)：190-207.

[77]BUCKLEY P J, CASSON M C.The Future of the Multinational Enterprise[M]. London: Macmillan，1976.

[78]BUCKLEY P J, CROSS A R, TAN H, et al. Historic and emergent trends in Chinese outward direct investment[J].Management International Review，2008，48 (6):715-748.

[79] DUNNING J H. Trade, Location of Economic Activity and the Multinational Enterprise: A Search for Eclectic Approach[M]. London: Macmillan, 1977.

[80]DUNNING J H.International Production and the Multinational Enterprise[M]. London: Allen&Uniwin，1981.

[81]DUNNING,J H,BUCKLEY P J.Multinational Enterprises in the World Economy:Essays in Honour of John Dunning[M].Aldershot:Edward Elgar，1992.

[82] 小岛清.对外贸易论[M]天津:南开大学出版社，1987.

[83]LOUIS T W. Third world multinationals: the rise of foreign investment from developing countries[M]. Cambridge: MIT Press, 1983.

[84]LALL S.The New Multinationals[M], Chichester: John Wiley&Sons，1983.

[85]LALL S.SIDDHARTHAN S.The monopolistic advantages of multinationals: lessons from foreign investment in the US[J].The Economic Journal，1982(92):668-683.

[86]CANTWELL J. Technological Innovation and Multinational Corporations, Basil Blackwell[M].Oxford:Oxford Press，1989.

[87]TOLENTINO PE. Technological Innovation and Third World Multinationals[M]. London:Routledge，1993.

[88] 梁莹莹. 中国对外直接投资决定因素与战略研究 [D]. 天津：南开大学，2014.

[89]OZAWA T. Foreign direct investment and economic development[J]. Transnational Corporations，1992(1):27-54.

[90]OZAWA T.Foreign direct investment and structural transformation:Japan as a recycler of market and industry[J].Business and Contemporary World，1993(2):129-150.

[91]DUNNING J H.Explaining the international direct investment position of countries:towards a dynamic or development approach[J].Weltwirtschaftliches Archiv，1981，177(1):30-64.

[92]DUNNING J H.Location and the multinational enterprise:a neglected factor[J].Journal of International Business Studies，1998(1):45-66.

[93] 吴彬，黄韬. 二阶段理论：外商直接投资新的分析模型 [J]. 经济研究，1997(7):25-31.

[94]ZIYI W.The Literature on Chinese Outward FDI[J].Multinational Business Review，2010, 18(3):73-112.

[95]RUGMAN AM, LI J.Will China's multinationals succeed globally or regionally?[J].European Management Journal，2007, 25(5):333-343.

[96]RUGMAN AM, VERBEKE A. Subsidiary-specific advantages in multinational enterprises[J].Strategic Management Journal，2001, 22(3):237-250.

[97] 宋泽楠，尹忠明. 国家特定优势向企业特定优势的演化：逻辑路径与现实障碍 [J]. 国际经贸探索，2013(6):25-35.

[98] 裴长洪，樊瑛. 中国企业对外直接投资的国家特定优势 [J]. 中国工业经济，2010(7):45-54.

[99] 冼国明，杨锐. 技术累积、竞争策略与发展中国家对外直接投资 [J]. 经济研究，1998(11):56-63.

[100] 孙建中. 资本国际化运营——中国对外直接投资的综合优势比较 [M]. 北京：经济科学出版社，2000.

[101] 冯雁秋 . 我国境外投资理论的比较、综合与发展——五阶段周期理论 [J]. 投资研究，2000(2):6-14.

[102] 楚建波，胡罡 . 发展中国家 FDI 理论的新探索——"跨国投资门槛论" [J]. 中央财经大学学报，2003(7):77-80.

[103] DUNNING J H.Reappraising the eclectic paradigm in an age of alliance capitalism[J].Journal of International Business Studies, 1995, 26(3):461-491.

[104] DUNNING J H, LUNDAN SM.Institutions multinational and the OLI paradigm of the enterprise[J].Asia Pacific Journal of Management，2008b, 25(4):573-593.

[105] 郜志雄，朱占峰 . 我国石油工业海外投资的特点及对策 [J]. 经济纵横，2013(11):44-49.

[106] 薄启亮 . 中国石油企业"走出去"二十年——基于中石油天然气集团公司海外投资业务视角 [J]. 国际石油经济，2013(3):65-74,120.

[107] 张晓彬 . 中石化西南分公司发展战略研究 [D]. 成都：西南石油学院，2004.

[108] 惠宁，周晓唯 . 大型气田开发工程项目集成管理——以中国石油苏南国际合作项目为例 [J]. 科技进步与对策，2016(16):57-60.

[109] 玛哈 . 中国石油公司社会责任实践的案例研究——以在哈萨克斯坦项目为例 [D]. 华东理工大学，2014.

[110] 李永新 . 我国矿产企业海外投资环境研究 [D]. 北京：中央民族大学，2010.

[111] 韵学飞 . 中国石油企业对外投资的风险分析 [D]. 北京：中央民族大学，2013.

[112] 袁伟 . 中亚丝路新篇章 [J]. 中国石油企业，2013(11):63-64.

[113] 徐谦逊 . 中国石油天然气集团公司资本运营战略研究 [D]. 北京：中国科学院研究生院，2008.

[114] 张振峰 . 中国海洋石油总公司发展战略案例 [D]. 哈尔滨：哈尔滨工程大学，2005.

[115] 张伟 . 中国石油企业海外并购历程及特点 [J]. 当代石油石化，

2013(4):10-15.

[116] 牟雪江. 能否共赢影响因素不单一 [J]. 中国石油企业，2013(4):50-51.

[117] 宋国明. 中国企业在加拿大进行矿业开发的前景分析 [J]. 国土资源情报，2006(4):14-19.

[118] 韩悦. 发展中国家 ODI 行为原因及特点研究——基于中国 ODI 发展的新特点 [D]. 成都：西南财经大学，2008.

[119] 闵剑. 企业跨国并购风险动态监测研究 [D]. 武汉：武汉理工大学，2013.

[120] 刘聪聪. 中国能源海外并购研究 [D]. 武汉：华中师范大学，2013.

[121] 余珺. 石油合作开发的产品分成模式及共财务评价方法研究 [D]. 西安：西安石油大学，2011.

[122] 杜文娟. 中国石油企业"走出去"研究 [D]. 北京：对外经济贸易大学，2008.

[123]DOWNS E. China's quest for overseas oil[J].Far Eastern Economic Review，2007b. 170(7):52-56.

[124] 彭元正."一带一路"背景下如何形成油气贸易新格局 [J]. 中国石油企业，2015(4):22-23.

[125] 石泽. 能源资源合作：共建"一带一路"的着力点 [J]. 乌鲁木齐：新疆师范大学学报（哲学社会科学版），2015(1):68-74.

[126] 刘佳骏."一带一路"战略背景下中国能源合作新格局 [J]. 国际经济合作，2015(10):30-33.

[127] 董秀成."一带一路"战略背景下中国油气国际合作的机遇、挑战与对策 [J]. 价格理论与实践，2015(4):14-16.

[128] 茅启平，王忠桥. 中国石油企业海外投资回顾与启示 [J]. 国际经济合作，2013(6):28-33.

[129] 朱关雄."一带一路"背景下中国与沿线国家能源合作问题研究 [D]. 昆明：云南大学，2016.

[130] 张生玲，魏晓博，张晶杰."一带一路"战略下中国能源贸易与合作展望 [J]. 国际贸易，2015(8):11-14,37.

[131]HUI N,ZHOU X W.The Influence of International Oil Price Fluctuation

and Its Countermeasures.Proceedings of 3rd International Conference on Management Innovation and Business Innovation[C].Singapore：Singapore management and sports science institute，2016:790-795.

[132] 邢珺.雪佛龙公司应对低油价的新战略解析 [J].当代石油石化，2017(10):44-50.

[133] 王艳.中国石油化工集团发展战略研究 [D].南京：东南大学，2005.

[134] 胡梦怡.战略转折之年的壳牌 [J].国际石油经济，2015(7):35-39.

[135] 陈其慎,王高尚,王安建.日本能源安全保障分析 [J].改革与战略，2010(2):174-177.

[136] 郜峰.中国石油公司提升国际化经营能力研究 [D].北京:中国地质大学，2014.

[137] 张庆辉.印度能源结构及其地理分布特征 [J].内蒙古石油化工，2012(4):67-69.

[138] 亢升.中国—印度石油外交合作解析 [J].云南社会科学，2006(4):21-24.

[139] 井志忠.日本石油储备的现状、措施及启示 [J].外国问题研究，2009(1):47-53.

[140] 张昕.中印"国家—资本"比较分析:以国家石油公司海外投资为例 [J].社会科学，2015(9):22-31.

[141] 杨阳.中国企业境外森林资源直接投资战略与区域选择研究 [D].哈尔滨：东北林业大学，2016.

[142] 孙鹏.我国石油公司国际勘探开发合作选区决策优化研究 [D].北京：中国地质大学，2011.

[143] 郭庆方.中国油气国际合作区域战略研究 [J].改革与战略，2013(11):40-42,107.

[144] 穆献中,胡广文.海外石油投资环境系统分析和风险测度理论、模型及应用 [M].北京:科学出版社，2017.

[145] 赵晓.国有企业对外直接投资环境评价模型及政府前期监管研究 [D].天津：天津大学，2014.

[146] 王利华.中国跨国公司对外直接投资区位选择研究 [D].上海：华东师范大学，2010.

[147] 孙丽.新形势下中国企业对外投资的区位选择综合决策模型 [J]. 技术经济，2007(10):35-40.

[148] 杨海恩.中国石油企业对外直接投资研究 [D]. 武汉：武汉大学，2013.

[149] 王大鹏,陈建梁.中国石油企业的竞争优势及对外直接投资策略 [J]. 国际经贸探索，2007(5):58-62.

[150] CSEREKLYEI Z, RUBIO-VARAS M D M, Stern D I. Energy and economic growth: the stylized facts[J].Energy Journal, 2016.

[151]BUCKLEY P J,JEREMY C, ADAM R C,et.al.The determinants of Chinese outward foreign direct investment[J].Journal of International Business Studies，2007,38(4):499-518.

[152] 王震,郑炯,赵林.跨国石油投资与并购 [[M]. 北京:石油工业出版社，2010.

[153] 肖勤福,王金龙.国际投资和我国利用外资概论 [M]. 北京:中共中央党校出版社.1996.

[154] 谭璐.瞄上母公司 Addax 项目 [N].21 世纪经济报道，2009-08-25(012).

[155] 谷峰.中国石油企业跨国并购动因及影响因素研究——基于中国海洋石油总公司并购案例分析 [D]. 成都：西南财经大学，2014.

[156] 张纪凤.中国对外直接投资动力机制探讨 [J]. 现代经济探讨，2014(11):58-62.

[157]HUGO C，EMMA N.Chinese FDI in the Oil Sector:Can they be explained by the prevalent theory on FDI?[OL].Uppsala University Publications work paper 2006，http://www.diva-portal.org/smash/get/diva2:130481/FULLTEXT01.pdf.

[158] 姜华欣.中国国有企业对外直接投资研究 [D]. 长春：吉林大学，2013.

[159]MELITZ M.The impact of trade on intra-industry reallocations and aggregate industry productivity[J].Econometrica，2003,71(6):1695-1725.

[160] 周君芝.母国特定优势下中国 ODI 区位选择研究 [D]. 杭州：浙江大学，2014.

[161]HELPMAN E, MELITZ MJ, RUBINSTEIN Y.Estimating trade flows: trading partners and trading volumes[J]. Quarterly Journal of Economics,

2008,123(2):441-487.

[162] 官建成，王晓静. 中国对外直接投资决定因素研究 [J]. 中国软科学，2007(2):59-65.

[163] 王鸿雁，霍国庆，潘燕妮. 基于两阶段模型的中国海外石油投资区位选择影响因素研究 [J]. 数学的实践与认识，2014(10):138-147.

[164] 王萌璐. 出口还是对外直接投资 [D]. 淄博：山东理工大学，2014.

[165] 邢小莉. 中国石油业对外直接投资的影响因素研究 [D]. 长沙：中南大学，2012.

[166] 戚晓旭，何晶彦，冯军宁. 京津冀协同发展指标体系及相关建议 [J]. 宏观经济管理，2017(9):72-81.

[167] 裴子英. 我国石油贸易的影响因素：基于石油供需的视角 [J]. 吉林化工学院学报，2013(12):1-5.

[168] 波特. 国家竞争优势 [M]. 北京：华夏出版社，2002.

[169] 吴琼，陈亮，王如松. 生态城市指标体系与评价方法 [J]. 生态学报，2005，25(8):2090-2095.

[170] 李飞鹏. 基于 Malmquist 指数与多边形图示法的勘察设计行业评价研究 [D]. 天津：天津大学，2013.

[171] 郝增亮，王冠文. 基于全排列多边形图示指标法的山东省低碳经济发展评价 [J]. 中国石油大学学报（社会科学版），2017(2):18-23.

[172] 魏智军. 改进的关联多因素指标影响演化及效率评价 [D]. 天津：天津大学，2013.

[173] 魏占军，杨宏恩. 中国对外直接投资与能源进口——我国企业 OFDI 动机假设的实证检验 [J]. 商业研究，2017(11):82-87,140.

[174] 陈菲琼，钟芳芳. 中国对外直接投资与技术创新研究 [J]. 浙江大学学报（人文社会科学版），2013(4):170-180.

[175] 谢孟军，郭艳茹. 法律制度质量对中国对外直接投资区位选择影响研究 [J]. 国际经贸探索，2013(6)：107—113.

[176]KRUGMAN P.Increasing returns and economic geography[J].Journal of Political Economy，1991，99(6):483-499.

[177] 王越. 一带一路主要国家油气投资环境分析与评价 [J]. 工业技术经

济,2016(9):118-127.

[178]ARELLANO M, BOND S.Some tests of specification for panel data:monte carlo evidence and an application to employment equations[J].Review of Economic Studies,1991,58(2):277-297.

[179]ARELLANO M, BOVER O.Another look at instrumental variable estimation of error components models[J].Journal of Econometrics,1995,68(7):29-51.

[180]BLUNDELL R, Bond B.Initial conditions and moment restrictions in dynamic panel data models [J].Journal of Econometrics,1998,87(1):115-143.

[181]孙浦阳,韩帅,许启钦.产业集聚对劳动生产率的动态影响[J].世界经济,2013(3):33-53.

[182]DAUDE C, STEIN E.The quality of institutions and foreign investment[J].Economics and Politics,2007,19(3):317-344.

[183]熊彬,王梦娇.基于空间视角的中国对"一带一路"沿线国家直接投资的影响因素研究[J].国际贸易问题,2018(2):102-112.

[184]张生玲,魏晓博,张晶杰."一带一路"战略下中国能源贸易与合作展望[J].国际贸易,2015(8):11-14,37.

[185]惠宁,周晓唯.互联网驱动产业结构高级化效应分析[J].统计与信息论坛,2016(10):54-59.

[186]王莹,周小靖,黄海珠."一带一路"背景下我国矿产资源企业"走出去"的合作策略[J].国际贸易,2016(6):34-37.

[187]董翠,戴勇,吴亚丽,等.国外大石油公司上游投资特点与启示[J].中国石油大学学报(社会科学版),2010(5):1-5.

[188]杨枝煌.加快全面建立"一带一路金融+"战略机制[J].国际经济合作,2015(6):37-44.

[189]檀有志.西亚北非地区动荡与中国能源安全探析[J].国际安全研究,2013(5):96-107.